BEGINNER'S HUNGARIAN DICTIONARY

HELEN DAVIES and HELGA SZABÓ

Illustrated by John Shackell
Designed by Brian Robertson
Edited by Nicole Irving

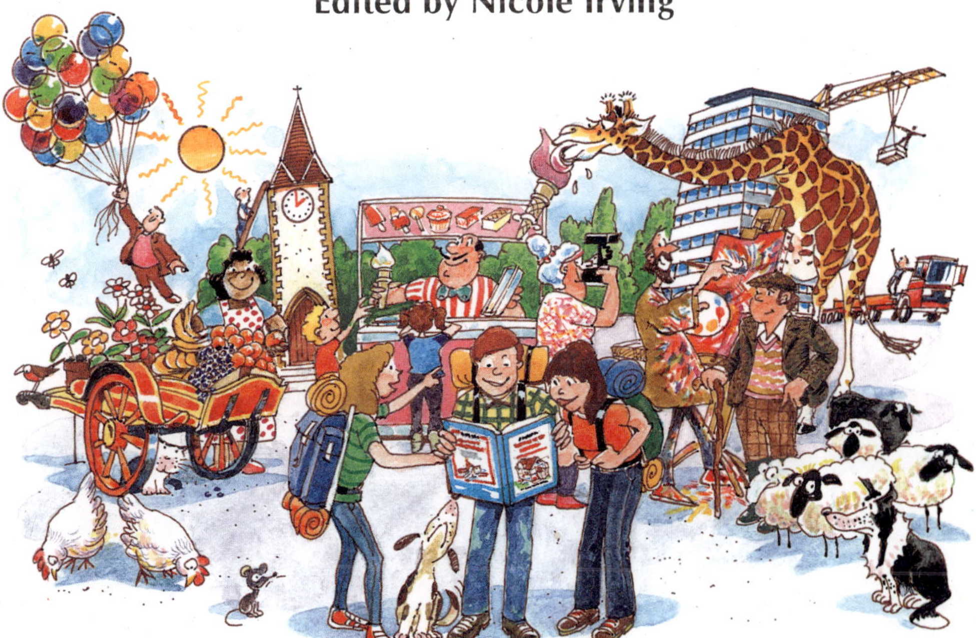

HOLNAP KIADÓ

Contents

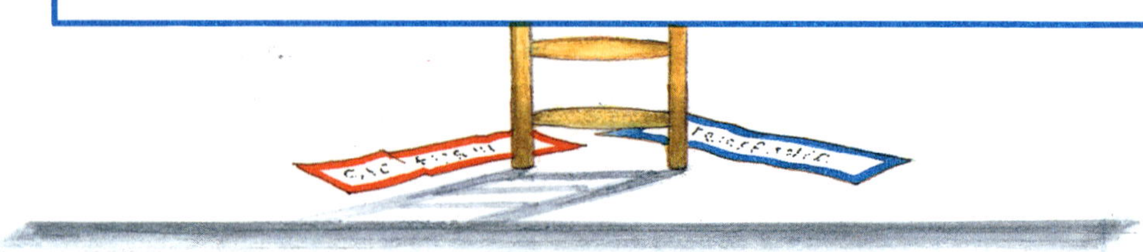

Using this book

This book contains over 2000 useful Hungarian words, with pictures to help you remember them. To help you identify words, nouns (naming words) are printed in Roman lettering (könyv, book) and all other words and phrases in italics (*nagy*, big).
The pronunciation of letters in Hungarian is not the same as in English. If you want to read the words in this book correctly, study the pronunciation key on page 96 or listen to a Hungarian native speaker.

Nouns (naming words)
In the pictures nouns (names of things and people) occur in the singular. When you are speaking about more than one thing or person, you use the plural form. In English you add -s or -es, in Hungarian you add **-k**, **-ok** or **-ek** to the noun. e.g. **fiú – fiúk** boy – boys
The **-k** is only one of the several endings in Hungarian. English prepositions like 'in', 'on', 'with' or words like 'my', 'your' are all expressed by endings. You can find more information about them on pp 97–98.
Hungarian nouns, similarly to English ones, are often preceded by articles. The definite article 'the' is **a** or **az**, e.g. **a ház** – the house, **az ember** – the man.
The indefinite article 'a, an' is **egy**, but it is often omitted.

Adjectives (describing words)
Adjectives are used to describe someone or something, e.g. **jó** good, **piros** red. Adjectives in Hungarian do not usually change, e.g. **piros autó** – red car, **piros autók** – red cars. Adjectives only take endings when they are not followed by a noun, e.g. **Az autók pirosak**. – The cars are red.

Verbs (action words)
Verbs in Hungarian change their endings according to who is doing the action. Throughout this book verbs appear in the third person singular of the present tense (the form you use after he, she, it). This is the form all other endings are usually attached to. The tables on pp. 101–103 will help you find out how to use verbs.
You will find the endings of nouns and verbs in the word list.

Meeting People

Szia!	Hello/Bye	**férfi**	man
Viszontlátásra!	Goodbye/See you later	**nő**	woman
kezet fog vkivel	to shake hands with	**kisbaba**	baby
puszit ad	to kiss	**fiú**	boy
lány	girl		

bemutat	to introduce	**Hogy vagy/van?**	How are you?
barát(nő)	friend	**Köszönöm, jól.**	Very well, thank you.
találkozik	to meet		

* You can find some information about phrases and expressions in the Phrase explainer section on pages 106–109.

beszélget	to chat
Igen.	Yes.
Nem.	No.
Egyetértek.	I agree.
mond	to say
elneveti magát	to burst out laughing

név	name
keresztnév	first name
vezetéknév	surname
Hogy hívnak?	What's your name?
.... vagyok	My name is ....
Ő	His name is ....

kor	age	**öreg**	old
Hány éves vagy?	How old are you?	**idősebb, mint**	older than
19 éves vagyok.	I'm nineteen.	**fiatalabb, mint**	younger than
fiatal	young	**egyidős vkivel**	the same age as

Families

család	family	**nagyapa**	grandfather
apa	father	**nagymama**	grandmother
anya	mother	**nagynéni**	aunt
fiútestvér	brother	**nagybácsi**	uncle
lánytestvér	sister	**unokanővér/unokafivér**	cousin

rokona vkinek	to be related to	**(lány)unoka**	granddaughter
fia	son	**szeret**	to be fond of
lánya	daughter	**unokaöcs**	nephew
felnevel	to bring up	**unokahúg**	niece
(fiú)unoka	grandson		

feleség	wife
férj	husband
szülők	parents
szeret	to love
gyerekek	children
ikrek	twins
egyke	only son

élet	life	**esküvő**	wedding
születés	birth	**dolgozik**	to work
születik	to be born	**öregkor**	old age
gyermekkor	childhood	**halál**	death
házasság	marriage	**meghal**	to die
összeházasodik	to get married	**temetés**	funeral

Appearance and personality

csinos	pretty
jóképű	handsome
erős	strong
gyenge	weak
sovány	thin
karcsú	slim
kövér	fat

szőke haja van	to have blond hair	**göndör haj**	curly hair
barna haj	brown hair	**frufru**	a fringe
vörös haj	red hair	**copf**	plaits
sima haj	straight hair	**kopasz**	to be bald

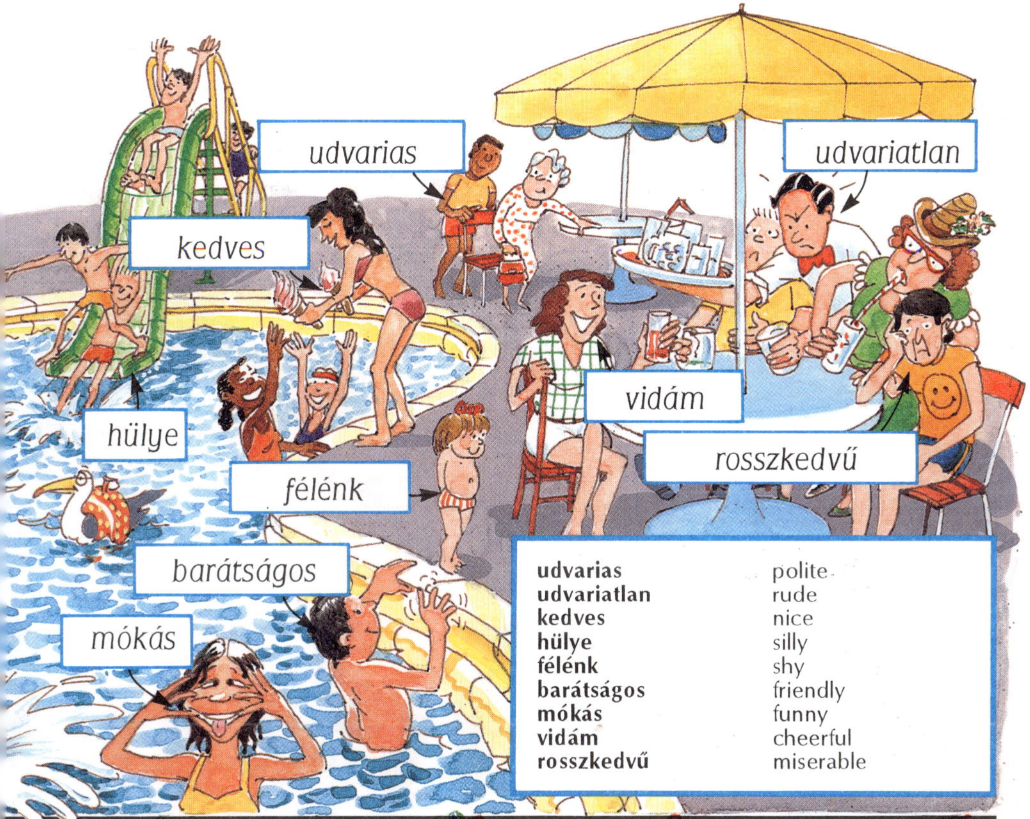

udvarias	polite
udvariatlan	rude
kedves	nice
hülye	silly
félénk	shy
barátságos	friendly
mókás	funny
vidám	cheerful
rosszkedvű	miserable

arcszín	complexion	**szemüveget visel**	to wear glasses
barna (bőr)	dark	**ráncolja a homlokát**	to frown
világos (bőr)	fair	**mosolyog**	to smile
szeplők	freckles	**nevet**	to laugh
bajusza van	to have a moustache	**sír**	to cry
szakálla van	to have a beard		

Your body

fej	head
haj	hair
arc	face
bőr	skin
szem	eye
orca	cheek
orr	nose
fül	ear
száj	mouth
fog	tooth
nyelv	tongue
ajak	lip
nyak	neck
áll	chin

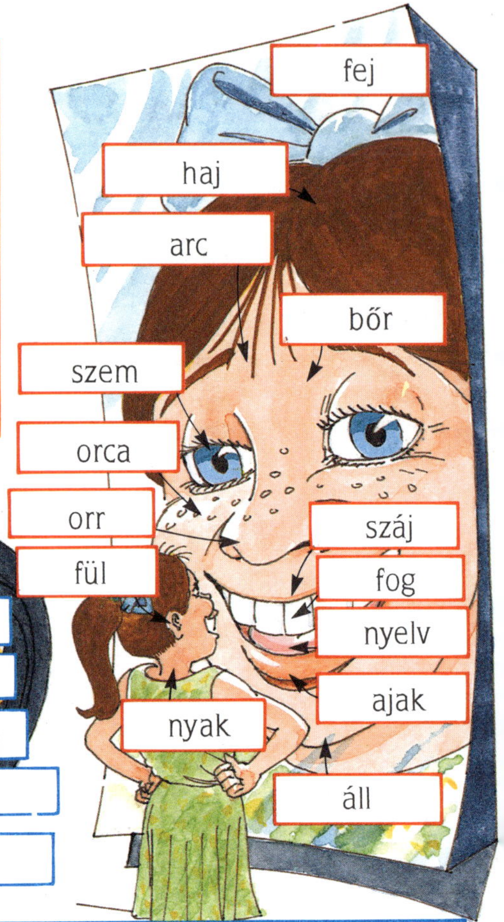

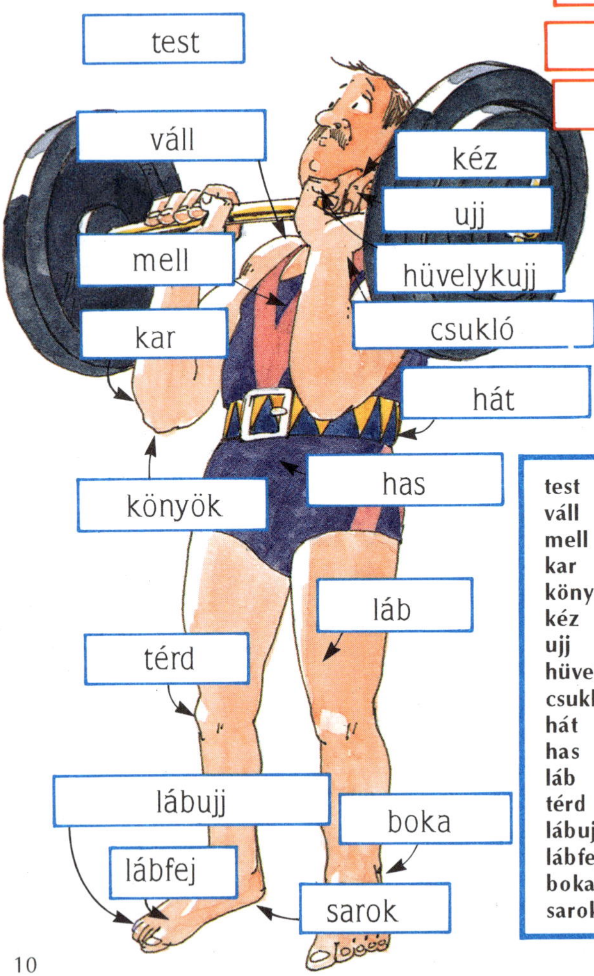

test	body
váll	shoulder
mell	chest
kar	arm
könyök	elbow
kéz	hand
ujj	finger
hüvelykujj	thumb
csukló	wrist
hát	back
has	stomach
láb	leg
térd	knee
lábujj	toe
lábfej	foot
boka	ankle
sarok	heel

magas	to be tall
alacsony	to be short
megméri magát	to weigh yourself
könnyű	to be light
nehéz	to be heavy

bal oldal	left side
jobb oldal	right side

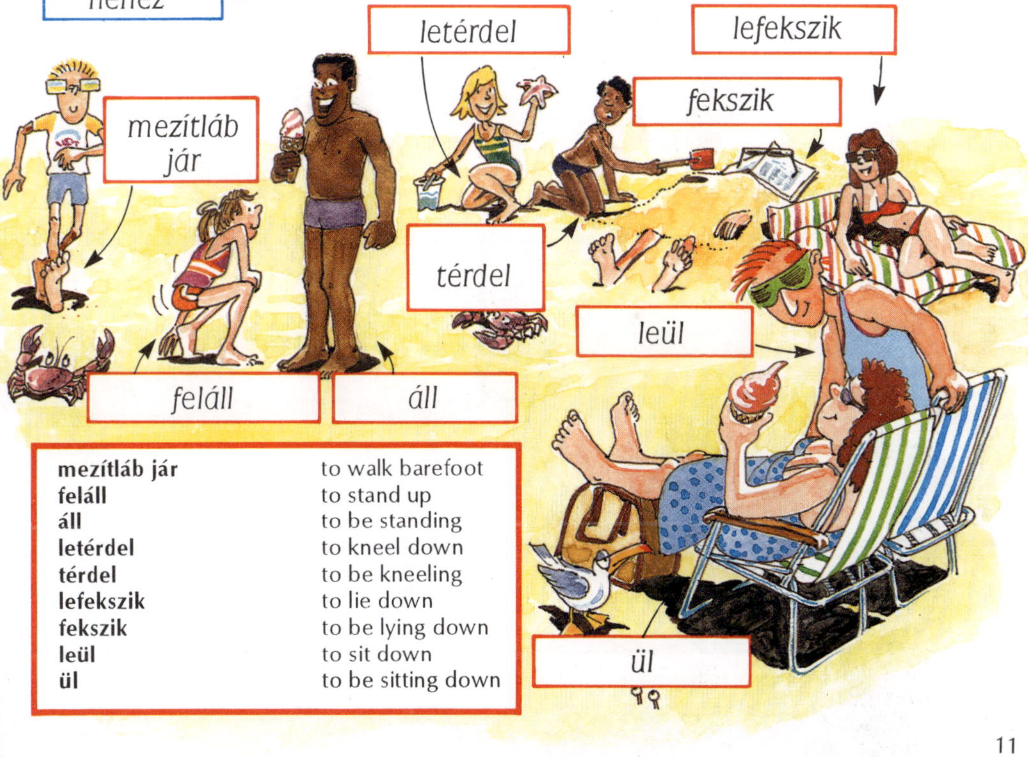

mezítláb jár	to walk barefoot
feláll	to stand up
áll	to be standing
letérdel	to kneel down
térdel	to be kneeling
lefekszik	to lie down
fekszik	to be lying down
leül	to sit down
ül	to be sitting down

Houses and homes

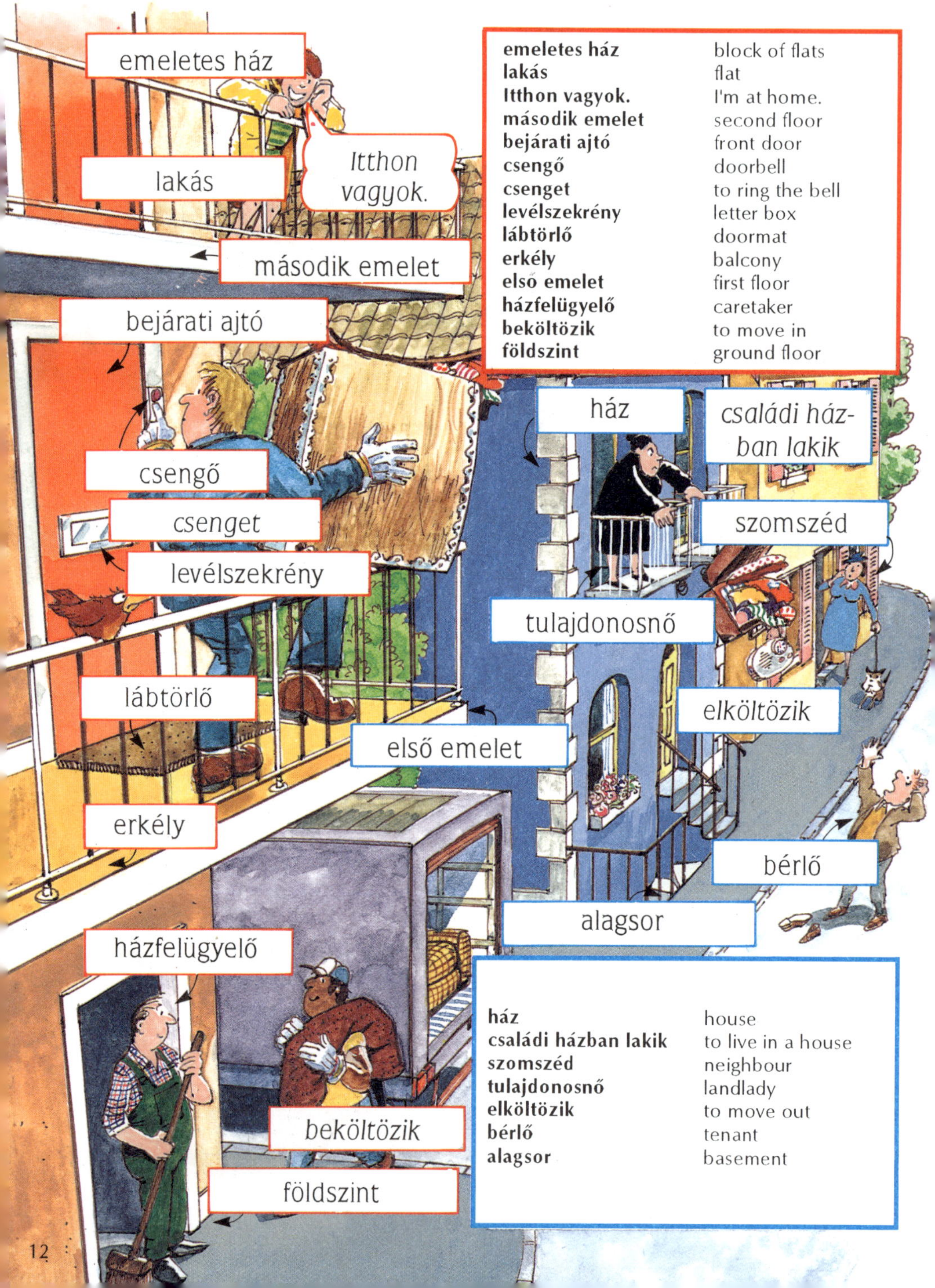

emeletes ház	block of flats
lakás	flat
Itthon vagyok.	I'm at home.
második emelet	second floor
bejárati ajtó	front door
csengő	doorbell
csenget	to ring the bell
levélszekrény	letter box
lábtörlő	doormat
erkély	balcony
első emelet	first floor
házfelügyelő	caretaker
beköltözik	to move in
földszint	ground floor

ház	house
családi házban lakik	to live in a house
szomszéd	neighbour
tulajdonosnő	landlady
elköltözik	to move out
bérlő	tenant
alagsor	basement

füst	smoke
tető	roof
kémény	chimney
padlás	attic
ablak	window
fal	wall
ajtó	door
vécé	toilet
hálószoba	bedroom
fürdőszoba	bathroom
konyha	kitchen
ebédlő	dining room

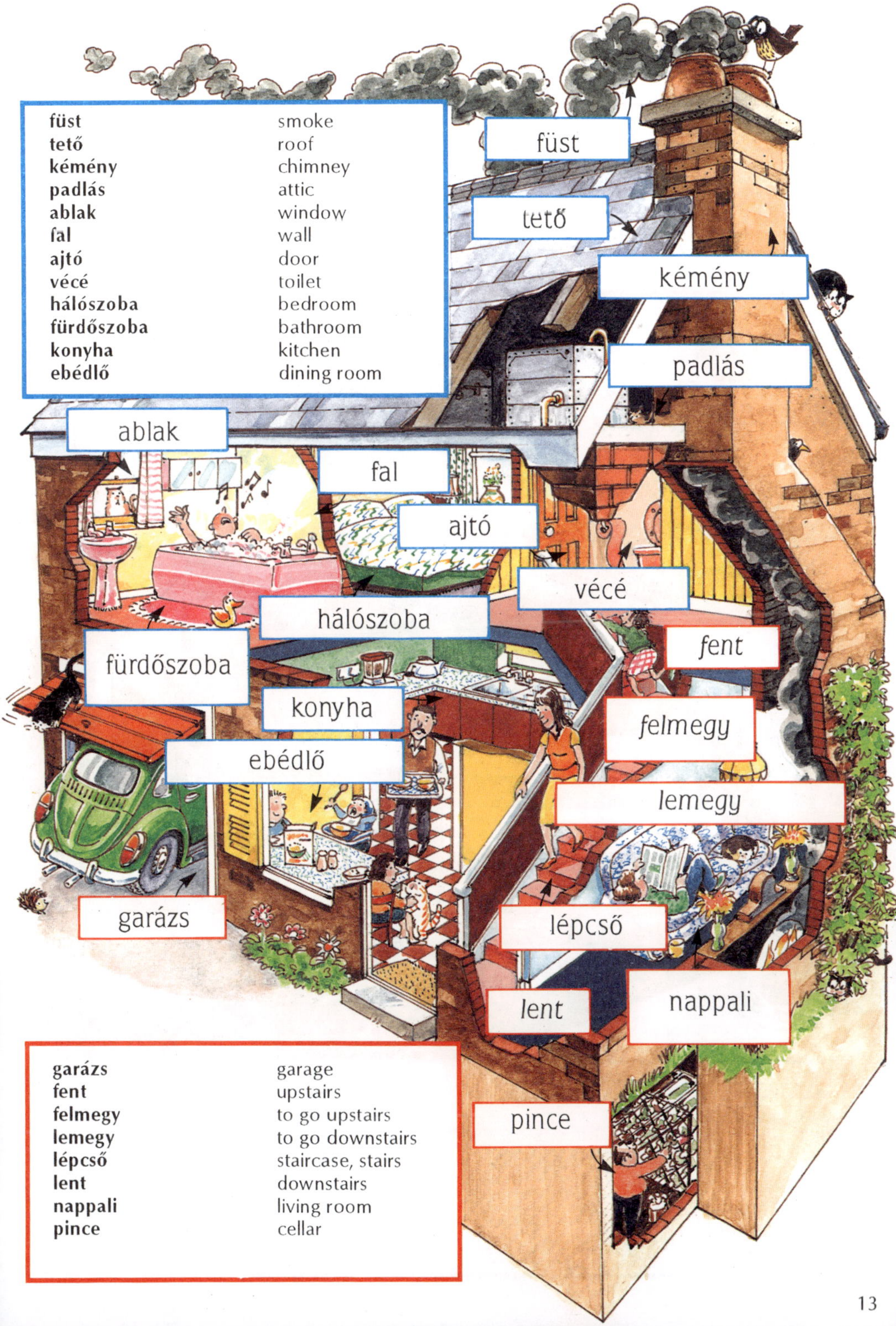

garázs	garage
fent	upstairs
felmegy	to go upstairs
lemegy	to go downstairs
lépcső	staircase, stairs
lent	downstairs
nappali	living room
pince	cellar

Dining room and living room

ebédlő	dining room
villany	light
fűtőtest	radiator
asztal	table
szék	chair
padló	floor
szőnyeg	rug

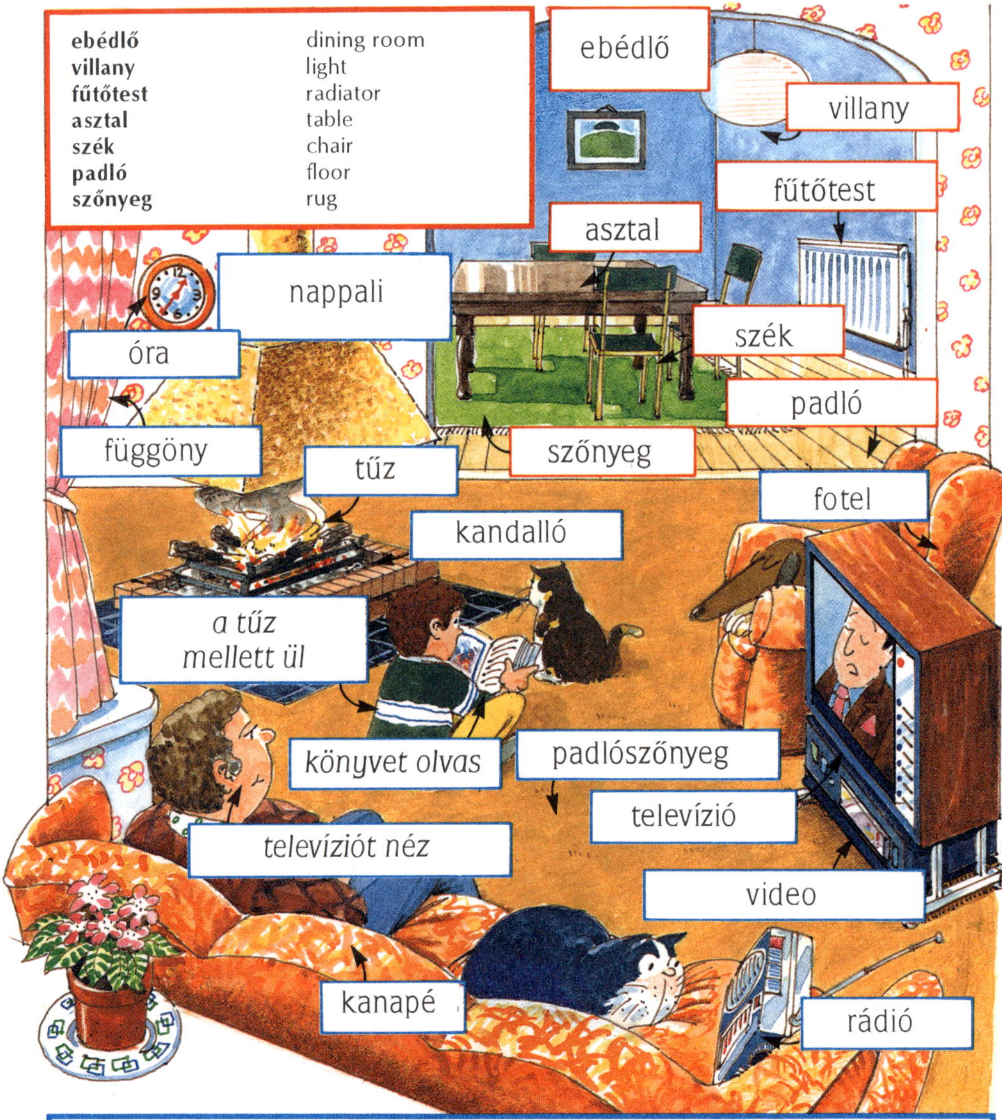

nappali	living room	**könyvet olvas**	to read a book
óra	clock	**televíziót néz**	to watch television
függöny	curtain	**kanapé**	sofa
tűz	fire	**padlószőnyeg**	fitted carpet
kandalló	fireplace	**televízió**	television
fotel	armchair	**video**	video
a tűz mellett ül	to sit by the fire	**rádió**	radio

In the kitchen

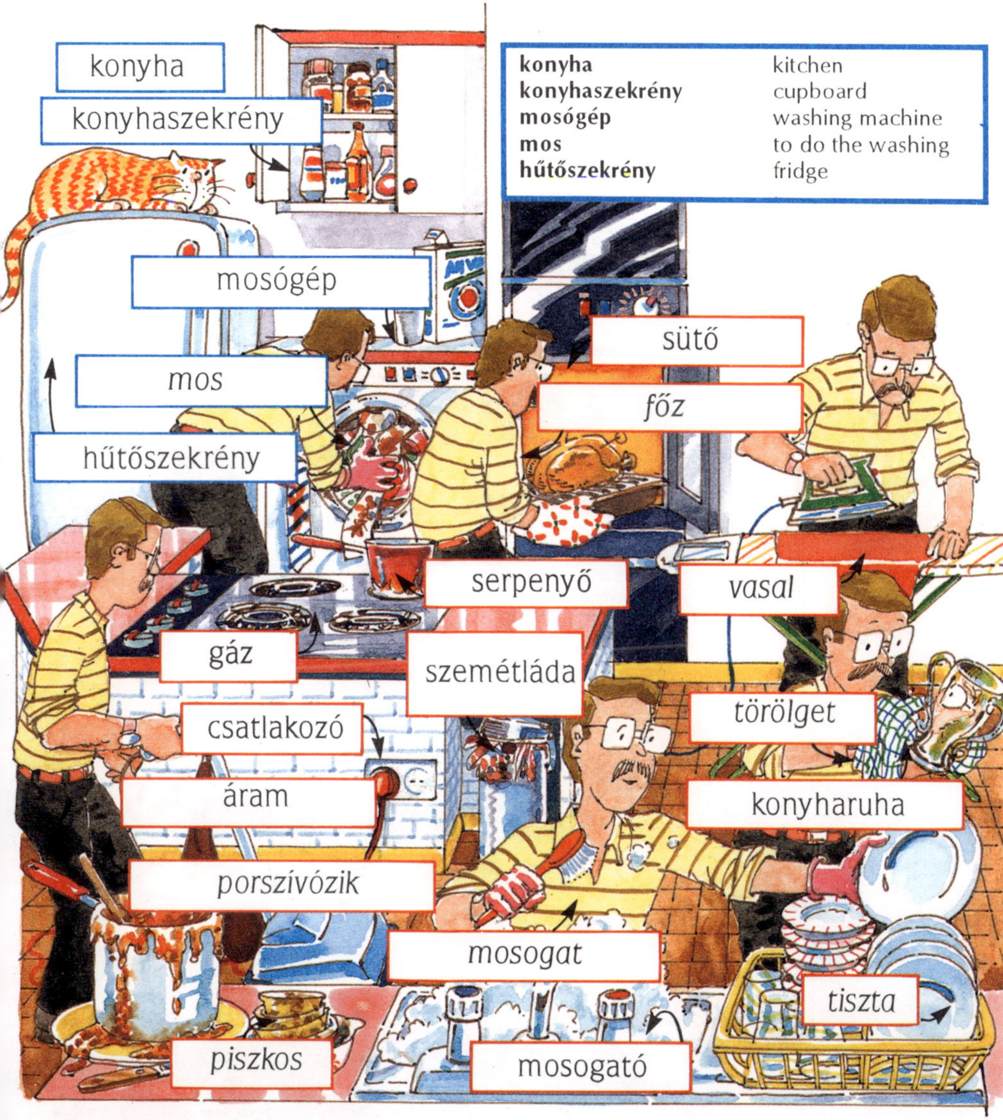

konyha	kitchen
konyhaszekrény	cupboard
mosógép	washing machine
mos	to do the washing
hűtőszekrény	fridge

sütő	oven
főz	to cook
serpenyő	saucepan
gáz	gas
szemétláda	bin
vasal	to iron
csatlakozó	plug
áram	electricity
porszívózik	to vacuum
mosogat	to wash up
piszkos	dirty
mosogató	sink
törölget	to dry, to wipe
konyharuha	tea towel
tiszta	clean

In the garden

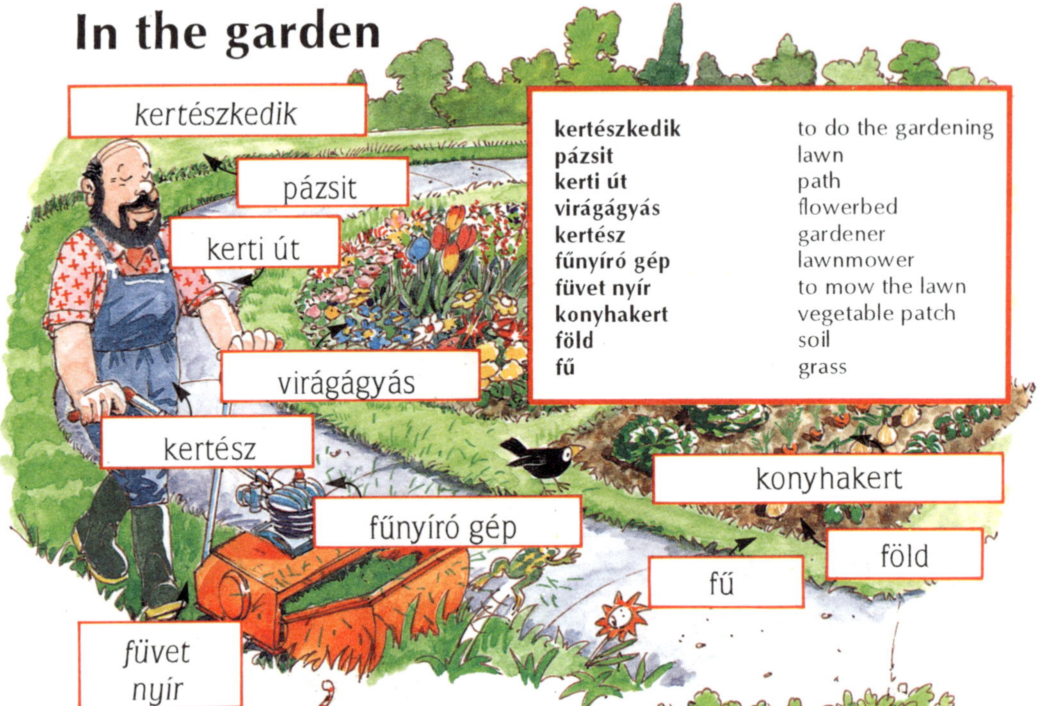

kertészkedik	to do the gardening
pázsit	lawn
kerti út	path
virágágyás	flowerbed
kertész	gardener
fűnyíró gép	lawnmower
füvet nyír	to mow the lawn
konyhakert	vegetable patch
föld	soil
fű	grass

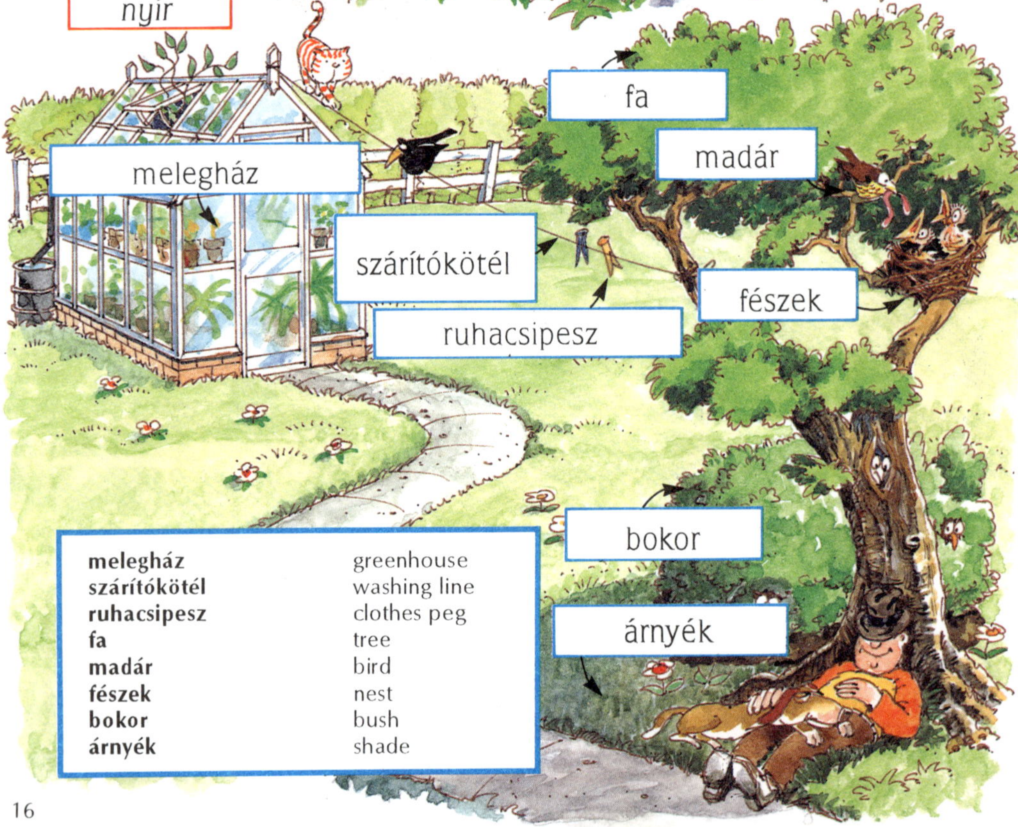

melegház	greenhouse
szárítókötél	washing line
ruhacsipesz	clothes peg
fa	tree
madár	bird
fészek	nest
bokor	bush
árnyék	shade

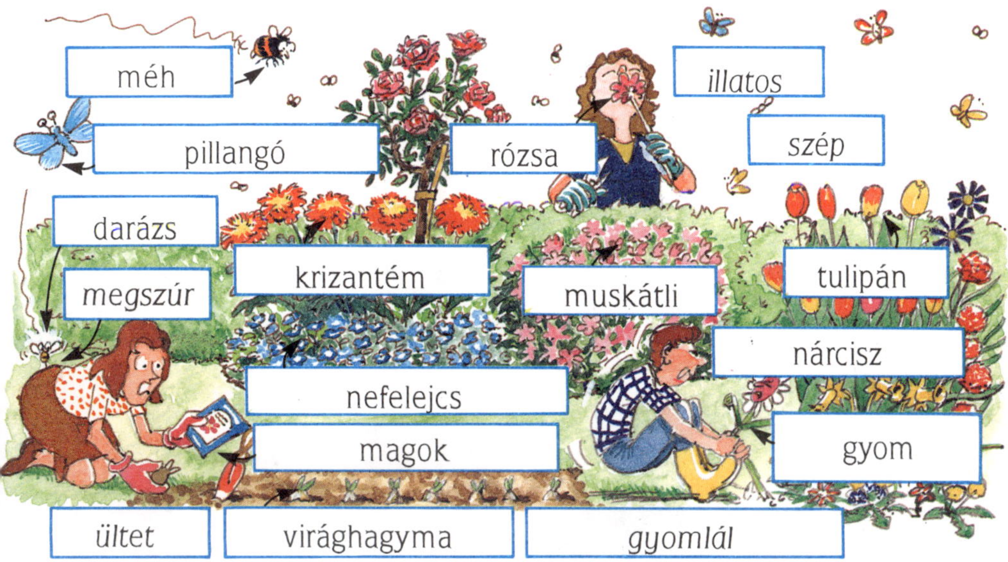

méh	bee	**tulipán**	tulip
pillangó	butterfly	**nefelejcs**	forget-me-not
darázs	wasp	**nárcisz**	daffodil
megszúr	to sting	**magok**	seeds
rózsa	rose	**ültet**	to plant
illatos	sweet-smelling	**virághagyma**	bulb
szép	lovely, beautiful	**gyomlál**	to weed
krizantém	chrysanthemum	**gyom**	weed
muskátli	geranium		

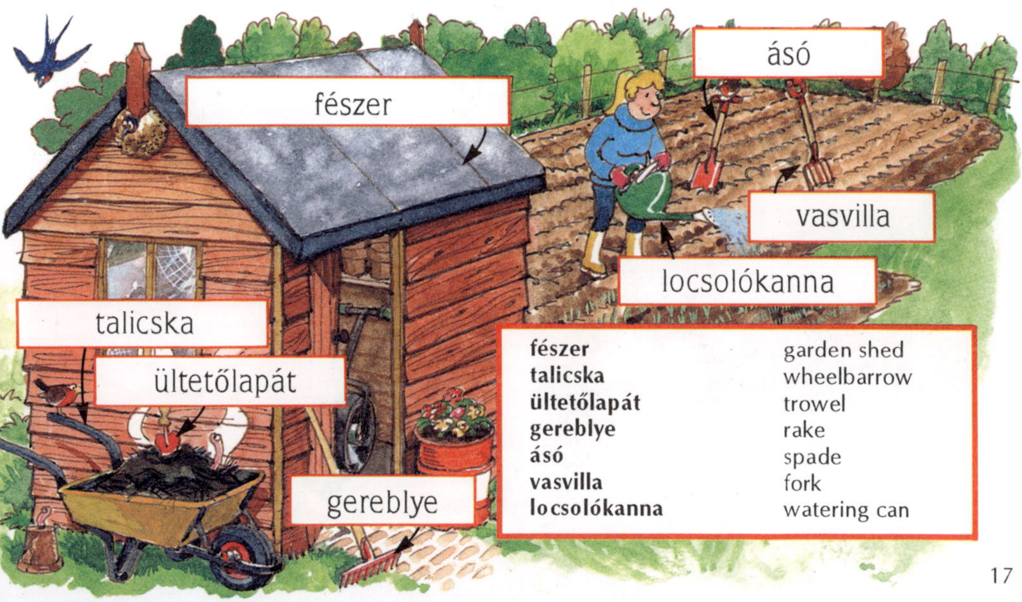

fészer	garden shed
talicska	wheelbarrow
ültetőlapát	trowel
gereblye	rake
ásó	spade
vasvilla	fork
locsolókanna	watering can

Pets

kutya	dog
kutyaól	kennel
kiskutya	puppy
bunda	fur
mancs	paw
játékos	playful
ugat	to bark
VIGYÁZZ! A KUTYA HARAP!	BEWARE OF THE DOG
kerget	to chase
visszahoz	to fetch
farok	tail
csóválja a farkát	to wag its tail
morog	to growl
kutyát sétáltat	to walk the dog

macska	cat
kosár	basket
dorombol	to purr
kiscica	kitten
nyávog	to mew
nyújtózkodik	to strech
karom	claw
puha	soft
aranyos	sweet

törpepapagáj	budgie	**nyúl**	rabbit
gubbaszt	to perch	**teknős**	tortoise
szárny	wing	**ketrec**	cage
csőr	beak	**etet**	to feed
toll	feather	**aranyhal**	goldfish
hörcsög	hamster	**egér**	mouse
sün	hedgehog	**üvegedény**	bowl
tengerimalac	guinea pig		

Getting up

felébred	to wake up
Jó reggelt!	Good morning!
dörzsöli a szemét	to rub your eyes
ásít	to yawn
ébresztőóra	alarm clock

felkel	to get up
elhúzza a függönyt	to open the curtains
köntös	dressing gown

zuhany	shower
zuhanyozik	to have a shower
hajat mos	to wash your hair
sampon	shampoo
(meg)mosakszik	to wash, to have a wash
szappan	soap
mosdókesztyű	flannel
törülközik	to dry yourself
törülköző	towel
meztelen	naked

borotválkozik	to shave
tükör	mirror
villanyborotva	electric shaver
borotva	razor
borotvahab	shaving foam

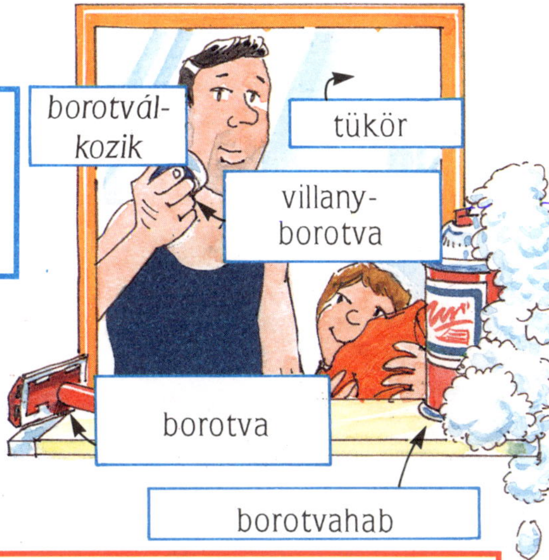

vízcsap	tap
meleg víz	hot water
hideg víz	cold water
fogkrém	toothpaste
fogkefe	toothbrush
fogat mos	to clean your teeth

hajat szárít	to dry your hair
hajszárító	hairdrier
hajkefe	brush
fésű	comb
fésülködik	to comb your hair
keféli a haját	to brush your hair

kifesti magát	to put on make-up
szempillafesték	mascara
alapozókrém	foundation cream
rúzs	lipstick
kölni	perfume

Clothes

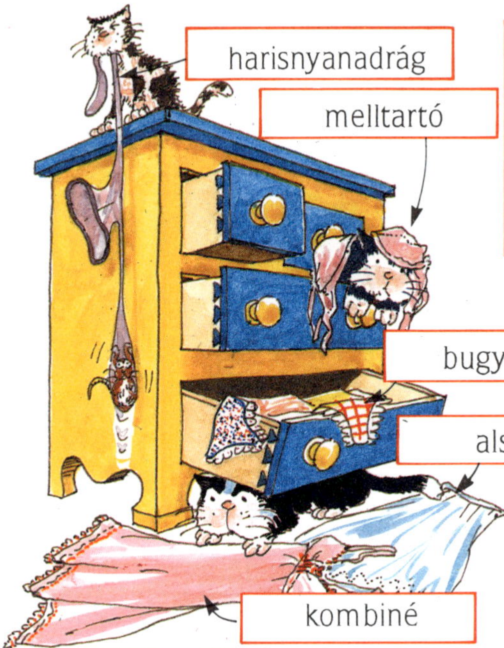

harisnyanadrág	tights
melltartó	bra
bugyi	knickers
alsónadrág	underpants
zokni	socks
trikó	vest
kombiné	slip
alsószoknya	petticoat

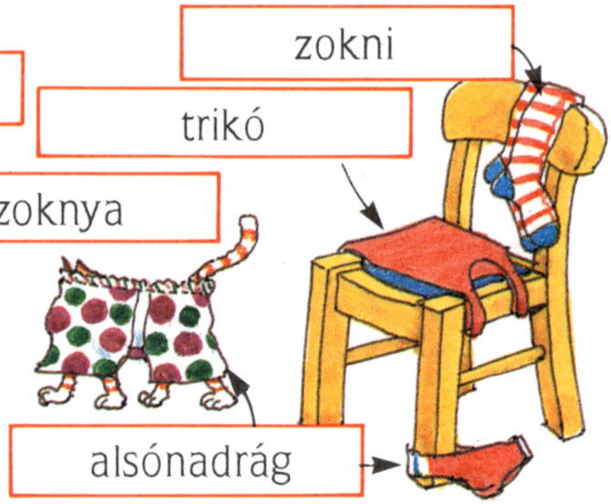

felöltözik	to get dressed	**nyakkendő**	tie
blúz	blouse	**pulóver**	jumper
szoknya	skirt	**gyapjú-**	woollen
ruha	dress	**nadrág**	trousers
visel	to wear	**póló(ing)**	T-shirt
kardigán	cardigan	**pamut-**	cotton, made of cotton
farmer(nadrág)	jeans	**kertésznadrág**	dungarees
ing	shirt		

ékszer	jewellery
fülbevaló	earrings
melltű	brooch
karkötő	bracelet
karóra	watch
gyűrű	ring
jegygyűrű	wedding ring
nyaklánc	necklace

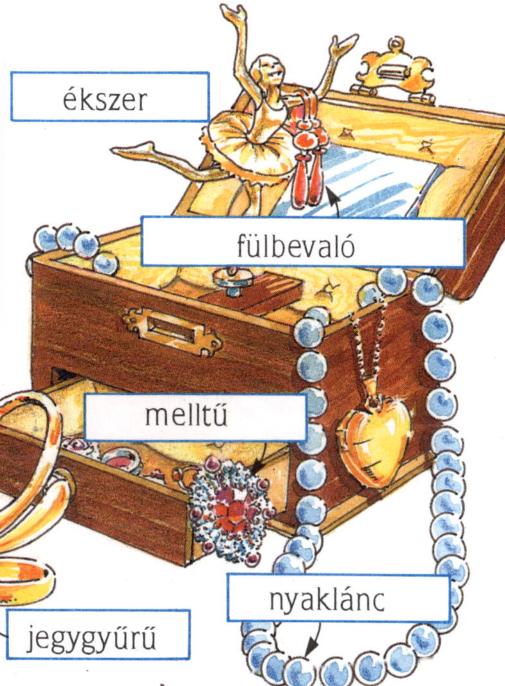

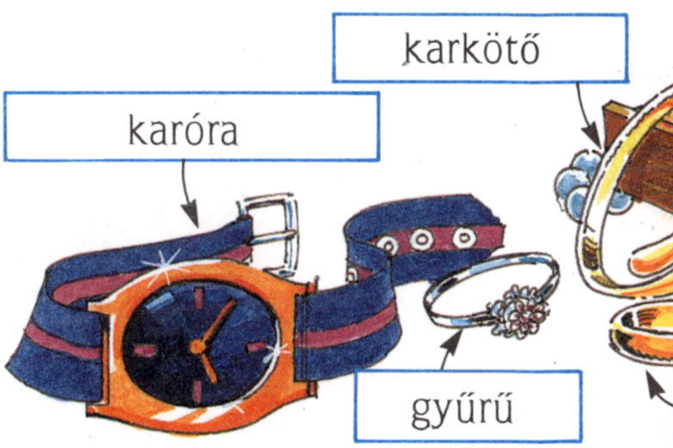

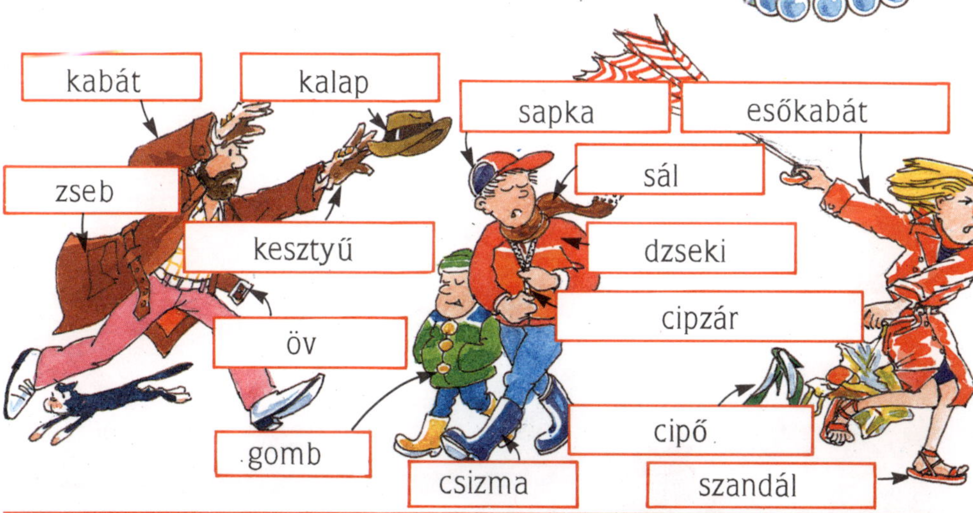

kabát	coat	**sapka**	cap
kalap	hat	**esőkabát**	raincoat
zseb	pocket	**sál**	scarf
kesztyű	gloves	**dzseki**	jacket
öv	belt	**cipzár**	zip
gomb	button	**cipő**	shoes
csizma	boots	**szandál**	sandals

Going to bed

a lefekvés ideje	bedtime
felgyújtja a villanyt	to switch the light on
álmos	to be sleepy
rendet rak	to tidy up
levetkőzik	to get undressed

fürdővizet enged	to run a bath
fürdik	to have a bath
fürdőkád	bath
dugó	plug
fürdőköpeny	bathrobe
pancsol	to splash
fürdőszobaszőnyeg	bathmat
mérleg	scales

aludni megy	to go to bed
pizsama	pyjamas
hálóing	nightdress
papucs	slippers

altatódal	lullaby
mesét olvas	to read a story
gyerekágy	cot
elalszik	to fall asleep

Jó éjszakát!	Good night.	**paplan**	duvet
Aludj jól!	Sleep well.	**ágy**	bed
álmodik	to dream	**horkol**	to snore
alszik	to sleep	**párna**	pillow
eloltja a villanyt	to switch the light off	**lepedő**	sheet
olvasólámpa	bedside lamp	**ágytakaró**	bedspread
éjjeliszekrény	bedside table		

Eating and drinking

megterít	to lay the table
Kész az étel!	It's ready!
kávéskanna	coffee-pot
teáskanna	teapot
szalvéta	napkin
pohár	glass
tál	bowl
tányér	plate
csésze	cup
csészealj	saucer
abrosz	tablecloth
kancsó	jug
kanál	spoon
kés	knife
villa	fork

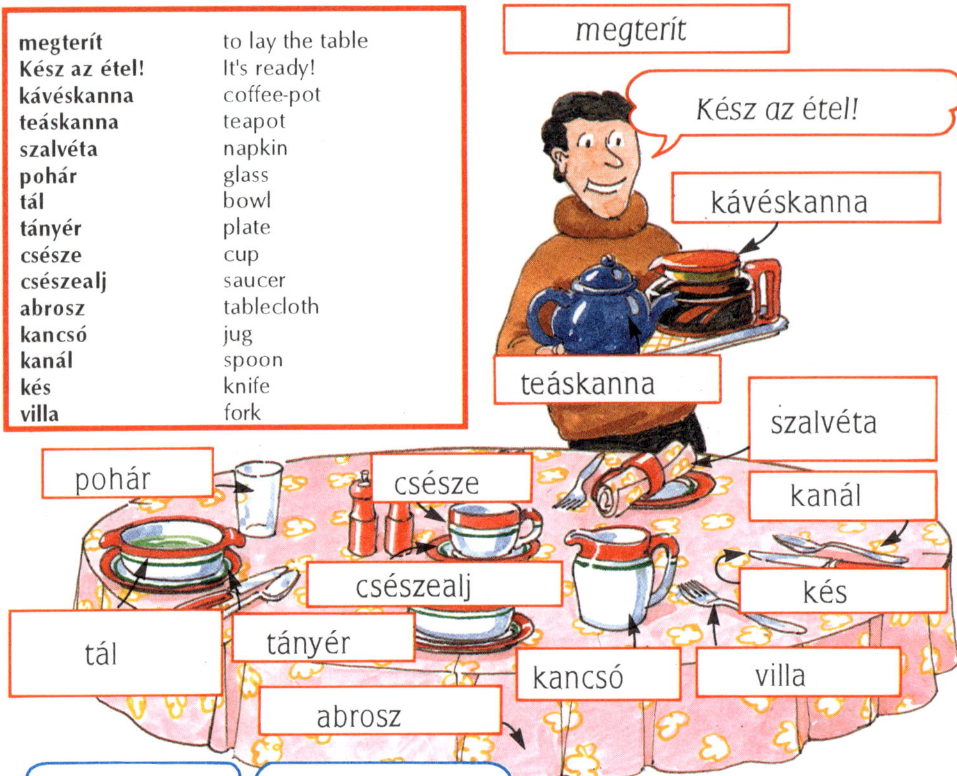

Vegyetek!	Help yourselves!
Jó étvágyat!	Enjoy your meal!
szomjas	to be thirsty
iszik	to drink
éhes	to be hungry
eszik	to eat
Jóízű.	It tastes good.
jóllakott	to have eaten well

reggeli	breakfast
gyümölcslé	fruit juice
kávé	coffee
tea	tea
vaj	butter
kenyér	bread

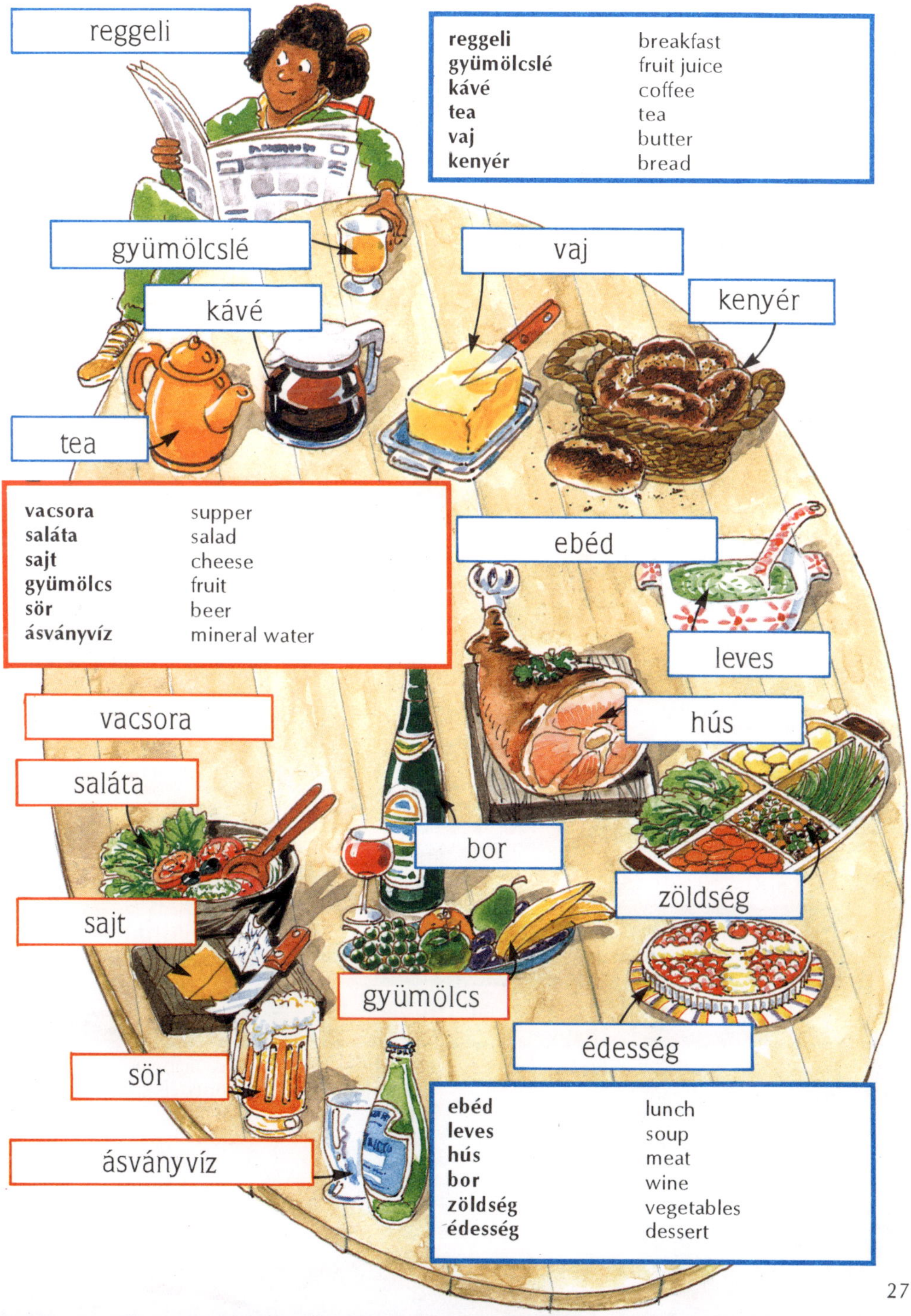

vacsora	supper
saláta	salad
sajt	cheese
gyümölcs	fruit
sör	beer
ásványvíz	mineral water

ebéd	lunch
leves	soup
hús	meat
bor	wine
zöldség	vegetables
édesség	dessert

Buying food

hús	meat
kenőmájas	paté
szalámi	salami
báránycomb	leg of lamb
karaj	pork chop
csirke	chicken
marhaszelet	steak
sonka	ham
borjúhús	veal
kolbász	sausage

zöldség	vegetables
friss	fresh
káposzta	cabbage
fokhagyma	garlic
hagyma	onion
zöldborsó	pea
sárgarépa	carrot
spenót	spinach
karfiol	cauliflower
kelbimbó	Brussels sprout
saláta	lettuce
nyers	raw
paradicsom	tomato
zöldbab	green bean
burgonya	potato

hal	fish
nyelvhal	sole
tengeri kagyló és rák	sea food
pisztráng	trout
lazac	salmon

gyümölcs	fruit	**savanyú**	sour, sharp
szőlő	grapes	**dinnye**	melon
málna	raspberry	**cseresznye**	cherry
eper	strawberry	**sárgabarack**	apricot
édes	sweet	**szilva**	plum
banán	banana	**alma**	apple
őszibarack	peach	**körte**	pear
érett	ripe	**narancs**	orange
citrom	lemon		

Buying food

tészta	pasta
lencse	lentils
bab	beans
tejszín	cream
tej	milk
margarin	margarine
joghurt	yoghurt
méz	honey
tojás	eggs
lekvár	jam
cukor	sugar
liszt	flour

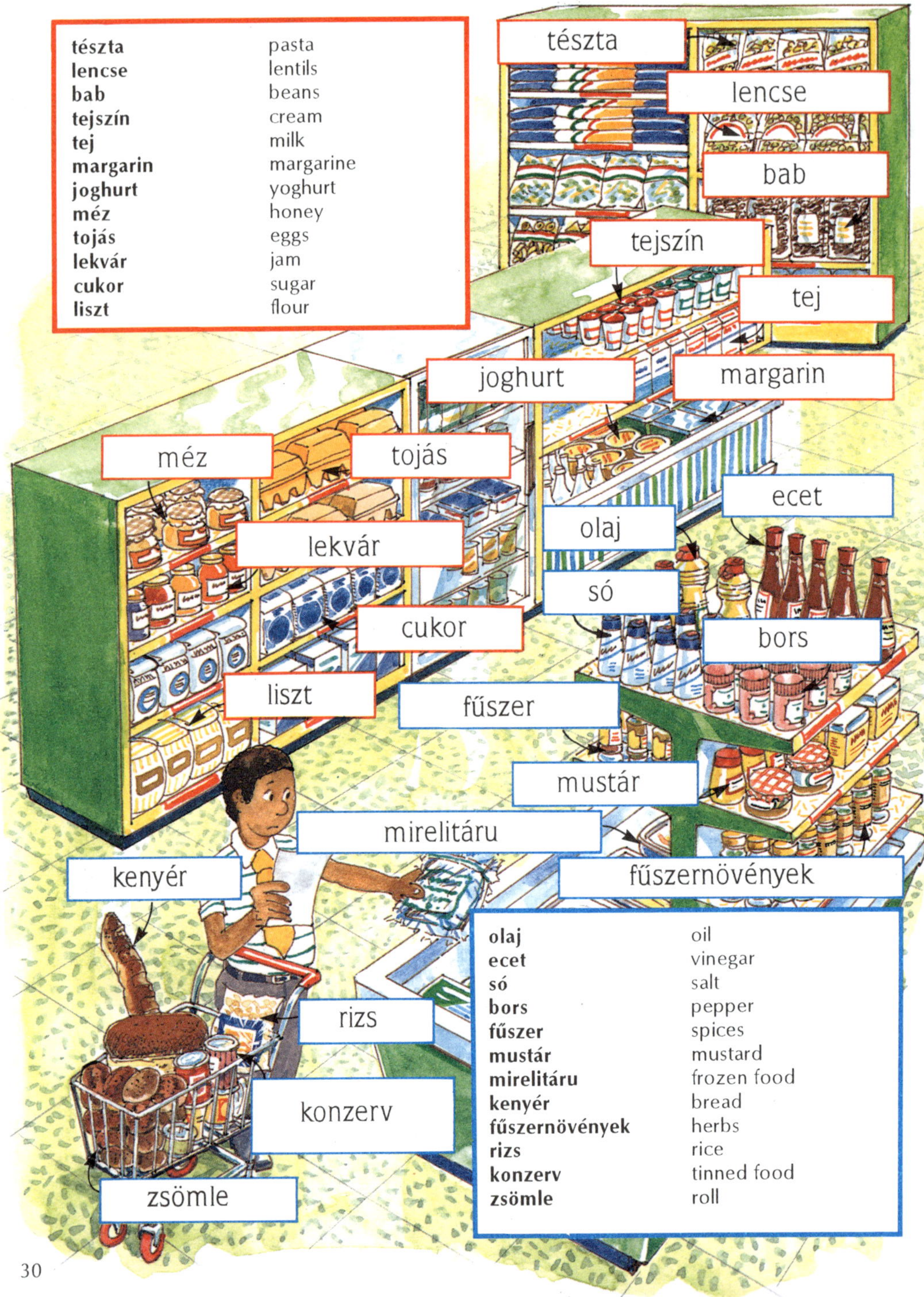

olaj	oil
ecet	vinegar
só	salt
bors	pepper
fűszer	spices
mustár	mustard
mirelitáru	frozen food
kenyér	bread
fűszernövények	herbs
rizs	rice
konzerv	tinned food
zsömle	roll

csokoládé	chocolate
teasütemény	biscuit
gyümölcskosár	fruit tart
fánk	doughnut
habostorta	cream-cake
fagylalt	ice-cream
sütemény	pastry

főz	to cook
ételrecept	recipe
alapanyagok	ingredients
összekever	to mix
megkóstol	to taste
íz	flavour, taste
Finom!	Delicious!

Pastimes

televíziót néz	to watch television
csatorna	channel
műsor	programme
rádiót hallgat	to listen to the radio
fülhallgató	headphones
veri a ritmust	to tap your feet

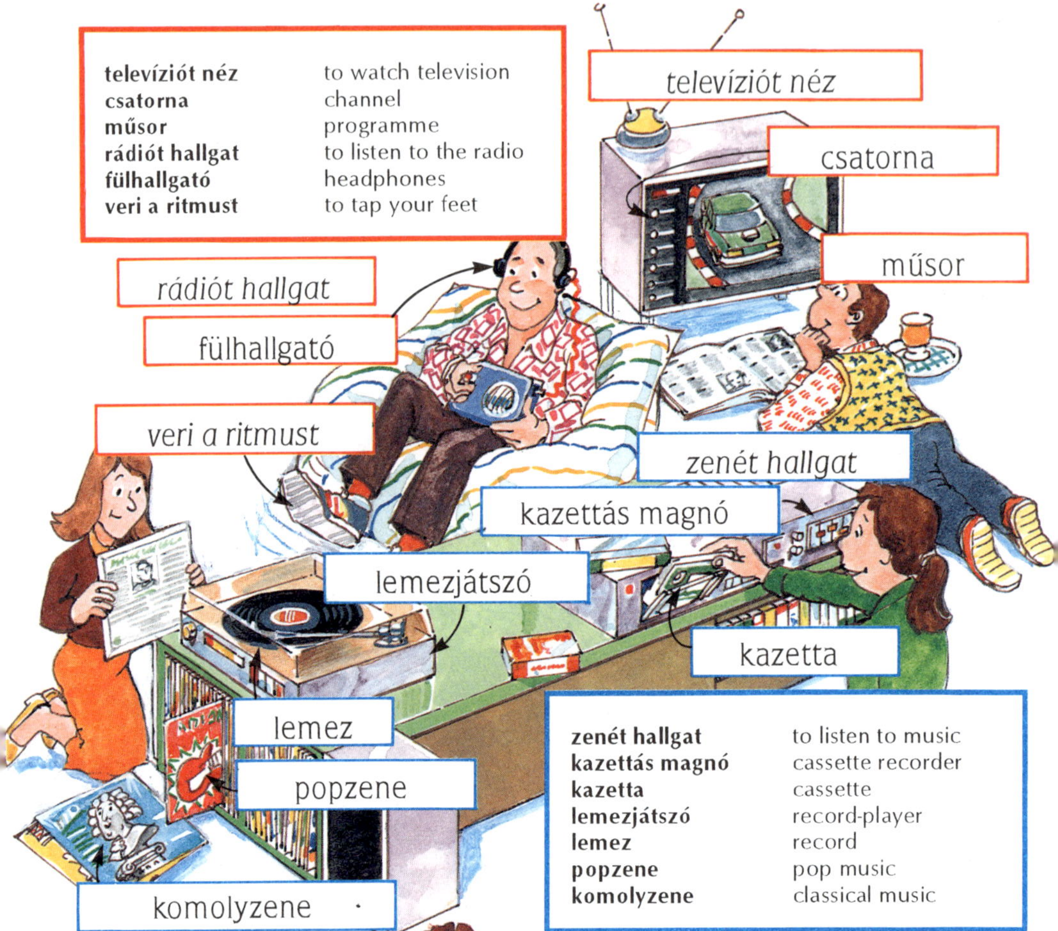

zenét hallgat	to listen to music
kazettás magnó	cassette recorder
kazetta	cassette
lemezjátszó	record-player
lemez	record
popzene	pop music
komolyzene	classical music

olvas	to read
regény	novel
hősnő	heroine
hős	hero
újság	newspaper
folyóirat	magazine
képregény	comic
versek	poetry

köt	to knit
kötőtű	knitting needles
kötésminta	pattern
fonal	wool

varr	to sew
ruhaanyag	fabric
olló	scissors
cérna	thread
gombostű	pin
varrótű	needle
csinál	to make

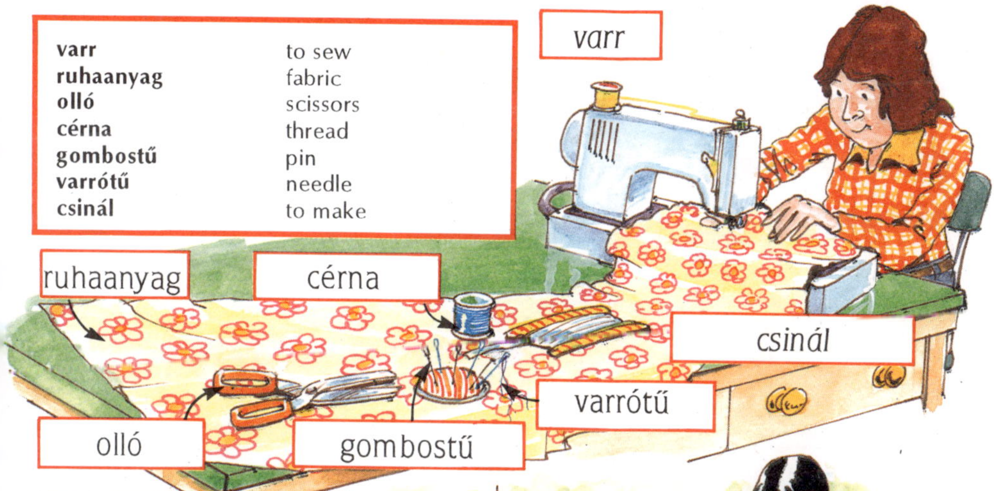

famunka	woodwork
barkácsolás	do-it-yourself
fűrész	saw
készít	to make, to manufacture
kalapács	hammer
ügyes (kezű)	skilful, good with your hand
javít	to mend
csavarhúzó	screwdriver

Pastimes

fényképezés	photography
lefényképez	to take a photo
fényképezőgép	camera
video kamera	video camera
film	film
fénykép	photograph
éles	in focus
életlen	out of focus

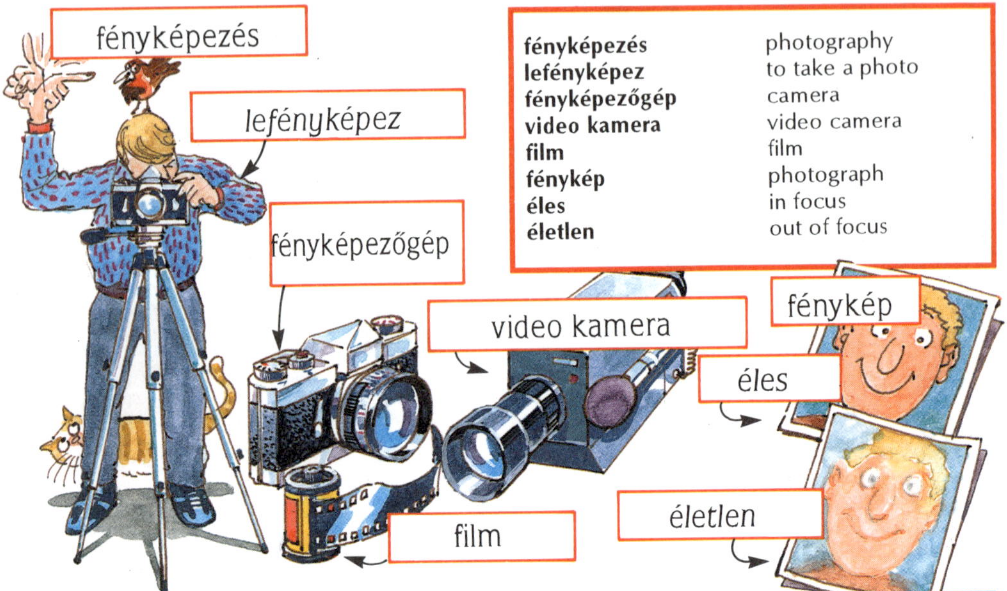

képtár	art gallery	**fest**	to paint
festő	painter	**ecset**	brush
festmény	painting	**festék**	paint
kiállítás	exhibition		

válogat	to sort, to sort out
ragaszt	to stick
bélyeget gyűjt	to collect stamps
gyűjtemény	collection

zenész	musician	**dobol**	to play the drums
hangszer	instrument	**trombitál**	to play the trumpet
hegedül	to play the violin	**csellózik**	to play the cello
zongorázik	to play the piano	**zenekar**	orchestra
gitározik	to play the guitar	**karmester**	conductor

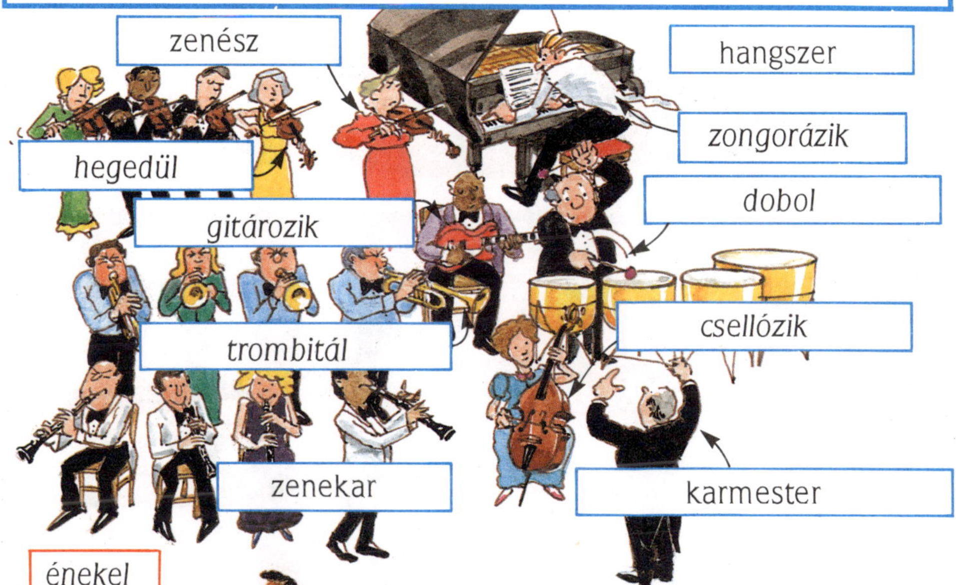

énekel	to sing
dallam	tune
kórus	choir
hamisan énekel	to sing out of tune

játékok	games
kártyázik	to play cards
dámát játszik	to play draughts
sakkozik	to play chess
társasjáték	board game

Going out

mozi	cinema
moziba megy	to go to the cinema
film	film
hely	seat
jegyszedőnő	usherette
pénztár	box-office

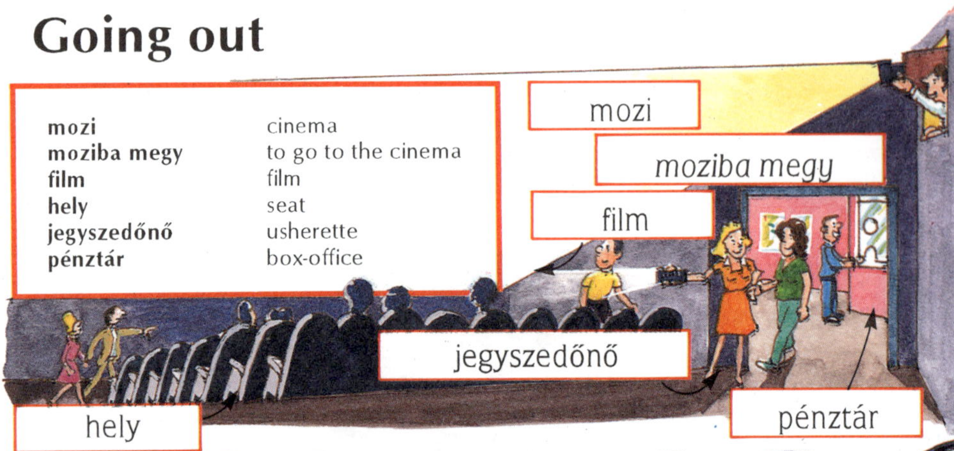

diszkóba megy	to go to a discothèque
lemezlovas	disc jockey
táncol	to dance
táncparkett	dance floor

színház	theatre
színdarab	play
díszlet	scenery
reflektor	spotlight
színésznő	actress
színész	actor
színpad	stage
közönség	audience
tapsol	to clap
tetszik neki	to like, to enjoy
Vissza!	Encore!

balett	ballet	**opera**	opera
balett-táncos	ballet dancer	**énekes**	singer
híres	famous	**jelmez**	costume

étterem	restaurant	**édesség**	dessert, pudding
pincér	waiter	**számla**	bill
étlap	menu	**Felszolgálási díjjal együtt?**	Is service included?
Mit parancsol?	What would you like?	**rendel**	to order
Felszolgálási díj nélkül!	Service not included!	**felszolgál**	to serve
előétel	starter	**borravaló**	tip
fő fogás	main course	**tálca**	tray

At the zoo

állatkert	zoo
állat	animal
zebra	zebra
zsiráf	giraffe
jegesmedve	polar bear
elefánt	elephant
ormány	trunk
agyar	tusk
gorilla	gorilla
vad	wild
szelíd	tame
etet	to feed
állatkerti őr	zoo keeper

In the park

park	park
tó	pond
evezős csónak	rowing boat
evez	to row
evező	oar
uzsonna a szabadban	picnic
pad	bench
pihen	to rest

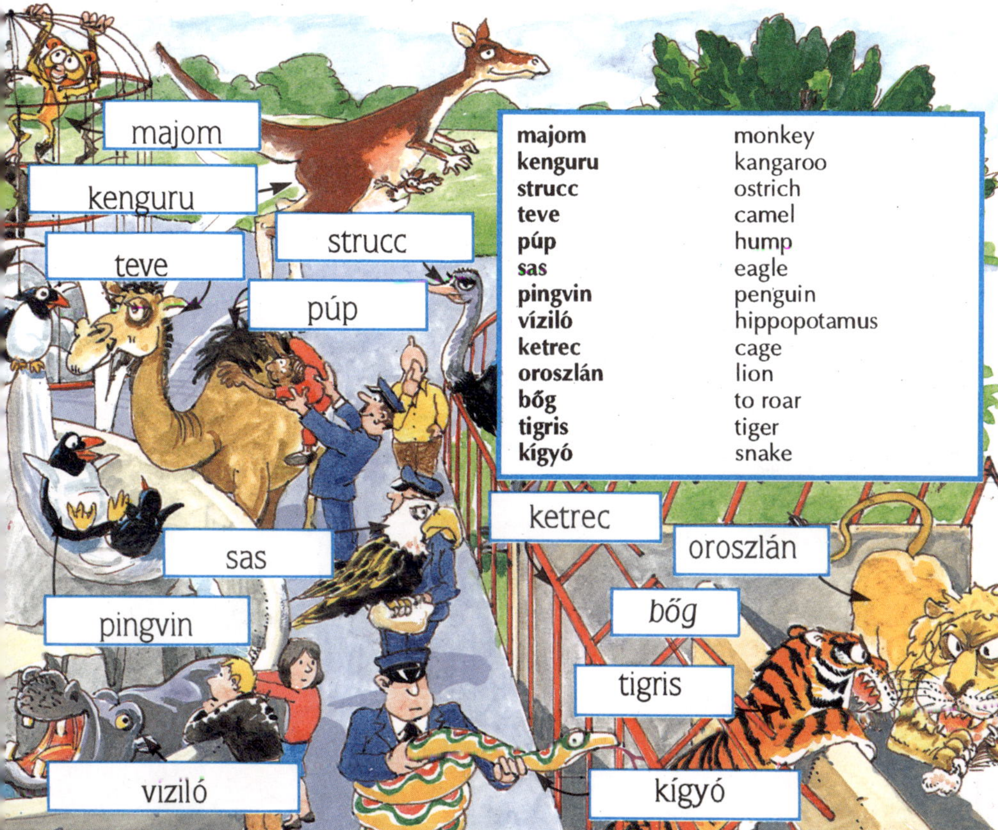

majom	monkey
kenguru	kangaroo
strucc	ostrich
teve	camel
púp	hump
sas	eagle
pingvin	penguin
víziló	hippopotamus
ketrec	cage
oroszlán	lion
bőg	to roar
tigris	tiger
kígyó	snake

parkőr	park keeper
hinta	swing
vigyáz vkire	to keep an eye on
mászik	to climb
ás	to dig
csúszda	slide
körhinta	roundabout
kapaszkodik	to hang on

In the city

belváros	city
külváros	suburb
város	town
felhőkarcoló	skyscraper
székesegyház	cathedral
folyó	river
híd	bridge
kerület	district
épület	building
templom	church
temető	cemetery

tűzoltóság	fire station	**iroda, irodaház**	offices, office block
tűzoltóautó	fire engine	**rendőrség**	police station
gyár	factory	**rendőrautó**	police car
városháza	town hall	**könyvtár**	library

városközpont	town centre
utca	street
szűk	narrow
széles	broad
sarok	corner
átmegy az úttesten	to cross the street
zebra	pedestrian crossing
gyalogos	pedestrian
tér	square
szobor	statue
utcai lámpa	street light
piactér	market place
aluljáró	subway

újságosbódé	newspaper stand
galamb	pigeon
tömeg	crowd
forgalmas	bustling, busy
szemétláda	litter bin
járda	pavement
siet	to hurry
hirdetés	advertisement

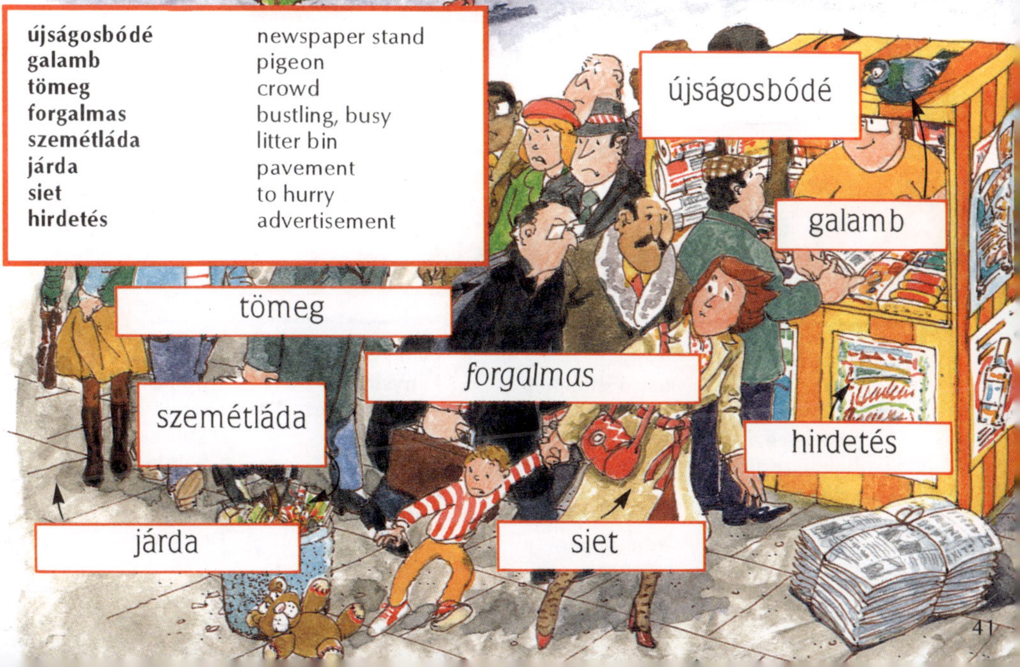

Shopping

bevásárlólistát ír	to make a list
bevásárlótáska	shopping bag

üzletek	shops	**gyógyszertár**	chemist
vásárol	to go shopping	**könyvesbolt**	bookshop
hentes	butcher	**rövidáruüzlet**	haberdasher
csemegeüzlet	delicatessen	**virágbolt**	florist
élelmiszerüzlet	grocery shop	**fodrászat**	hairdresser
pékség	bakery	**hanglemezbolt**	record shop
cukrászda	cake shop	**butik**	boutique
halasbolt	fishmonger		

piacon vásárol	to shop at the market
stand	market stall
sorban áll	to queue

Mennyit fizetek?	How much is that?
... lesz	That will be...
megmér	to weigh
Egy kiló ...-t.	A kilo of ...
Fél kiló ...-t.	Half a kilo of ...

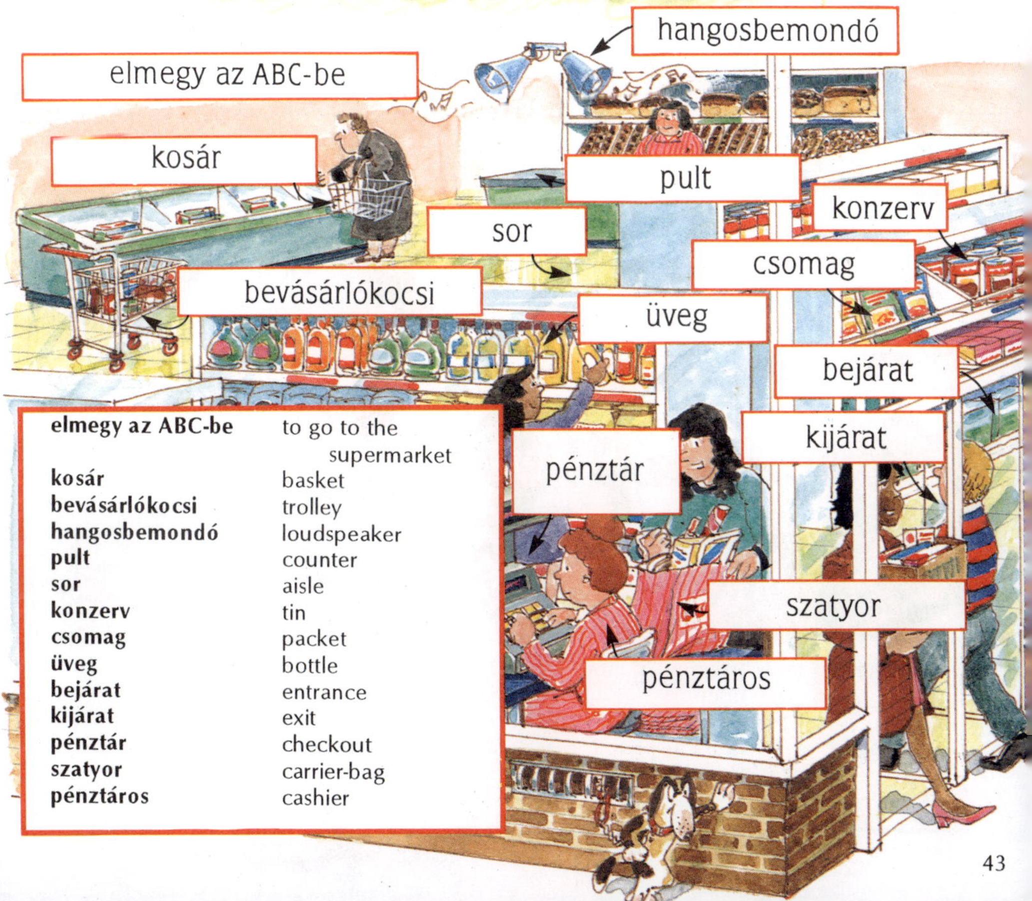

elmegy az ABC-be	to go to the supermarket
kosár	basket
bevásárlókocsi	trolley
hangosbemondó	loudspeaker
pult	counter
sor	aisle
konzerv	tin
csomag	packet
üveg	bottle
bejárat	entrance
kijárat	exit
pénztár	checkout
szatyor	carrier-bag
pénztáros	cashier

Shopping

kirakatot néz	to go window-shopping	**alkalmi vétel**	a bargain
kirakat	window display, shop window	**vásárló**	customer
Olcsó.	It's good value.	**vásárol**	to buy
Drága.	It's expensive.	**eladó**	shop assistant
VÁSÁR	SALE	**elad**	to sell

pénzt költ	to spend money	**kicsi**	small
ár	price	**közepes**	medium
számla	receipt	**nagy**	large
Segíthetek?	Can I help you?	**Mennyibe kerül...?**	How much is ...?
Szeretnék...	I would like ...	**Ez ...-be kerül.**	It costs ...
Ez milyen méret?	What size is this?		

könyv- és papírkereskedés	bookshop and stationer's	**képeslap**	postcard
könyv	book	**golyóstoll**	ball-point pen
puhafedelű könyv	paperback	**ceruza**	pencil
boríték	envelope	**levélpapír**	writing paper

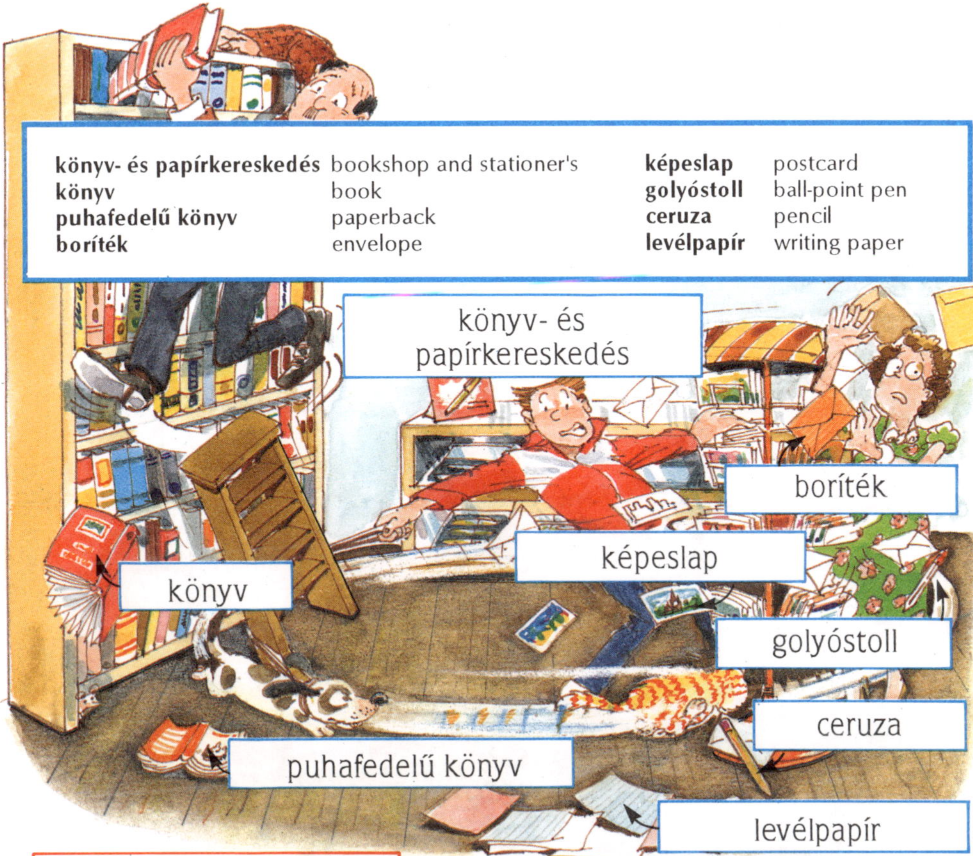

áruház	department store	**Játék**	Toys
osztály	department	**Bútor**	Furniture
mozgólépcső	escalator	**Sportszerek**	Sports equipment
lift	lift	**Ruházat**	Clothes

At the post office and bank

posta	post office	**küld**	to send
postaláda	post-box	**távirat**	telegram
felad	to post	**űrlap**	form
levél	letter	**bélyeg**	stamp
csomag	parcel	**légiposta**	airmail
kiürítés időpontja	collection times	**cím**	address
irányítószám	postal code		

postás	postman
napi posta	mail
kézbesít	to deliver

bank	bank	**hitelkártya**	credit card
pénz	money	**pénzt betesz a bankba**	to bank money
pénzt vált	to change money	**pénzt kivesz**	to take money out
árfolyam	exchange rate	**csekkfüzet**	cheque-book
bankigazgató	bank manager	**kiállít egy csekket**	to write a cheque
pénztáros	cashier	**irattárca**	wallet
Van aprója?	Have you any small change?	**bankjegy**	note
		pénztárca	purse
pénzérme	coin	**kézitáska**	handbag

Phonecalls and letters

telefonál	to make a telephone call	**cseng**	to ring
telefon	telephone	**beleszól a telefonba**	to answer the telephone
telefonkagyló	receiver	**Halló!...**	Hello...
felveszi a kagylót	to pick up the receiver	**Kivel beszélek?**	Who's speaking?
		Laura vagyok.	It's Laura.
tárcsáz	to dial the number	**Visszahívlak.**	I'll call you back.
telefonszám	telephone number	**Viszonthallásra.**	Good-bye.
körzetszám	area code	**leteszi a kagylót**	to hang up
telefonkönyv	telephone directory		

telefonfülke	telephone box
vészhelyzet	emergency
segélyhívás	emergency call

* tűzoltóság 05
rendőrség 07
mentők 04

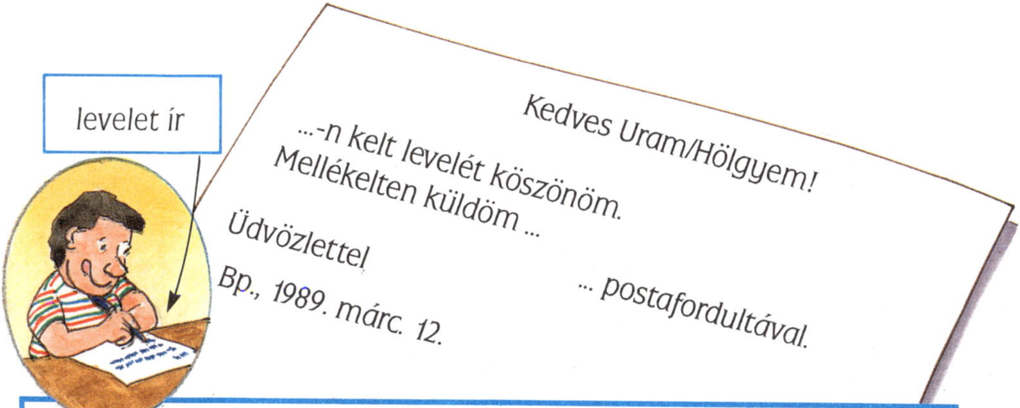

levelet ír	to write a letter	**Mellékelten küldöm...**	Please find enclosed...
postafordultával	by return of post	**Kedves Uram/Hölgyem!**	Dear Sir/Madam!
Üdvözlettel	Yours faithfully	**...-n kelt levelét köszönöm**	Thank you for your letter of...

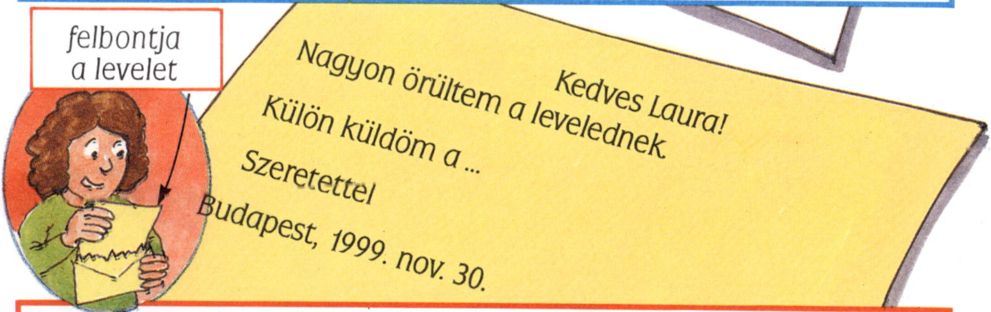

felbontja a levelet	to open a letter	**Külön küldöm a ...**	I am sending ... separately.
Kedves Laura!	Dear Laura,	**Szeretettel**	Love from ...
Nagyon örültem a levelednek	It was lovely to hear from you.		

levelezőlapot küld	to send a postcard	**táviratozik**	to send a telegram
Nagyszerűen érzem magam.	Having a lovely time.	**Sürgős ügyben stop hívj fel otthon stop**	Urgent message stop phone home stop
Sokat gondolok rád.	Thinking of you.		

Out and about

gyalogol	to walk	**útbaigazítást kér**	to ask the way
fut	to run	**térkép**	map
babakocsi	push-chair	**útjelző tábla**	signpost
Merre van a ...?	Which way is ...?	**Messze van innen a ...?**	Is it far to ...?

autóbuszra száll	to take the bus	**autóbusz**	bus
utas	passenger	**buszmegálló**	bus stop
leszáll	to get off	**metróállomás**	underground station
felszáll	to get on	**metró**	underground
jegy	ticket		

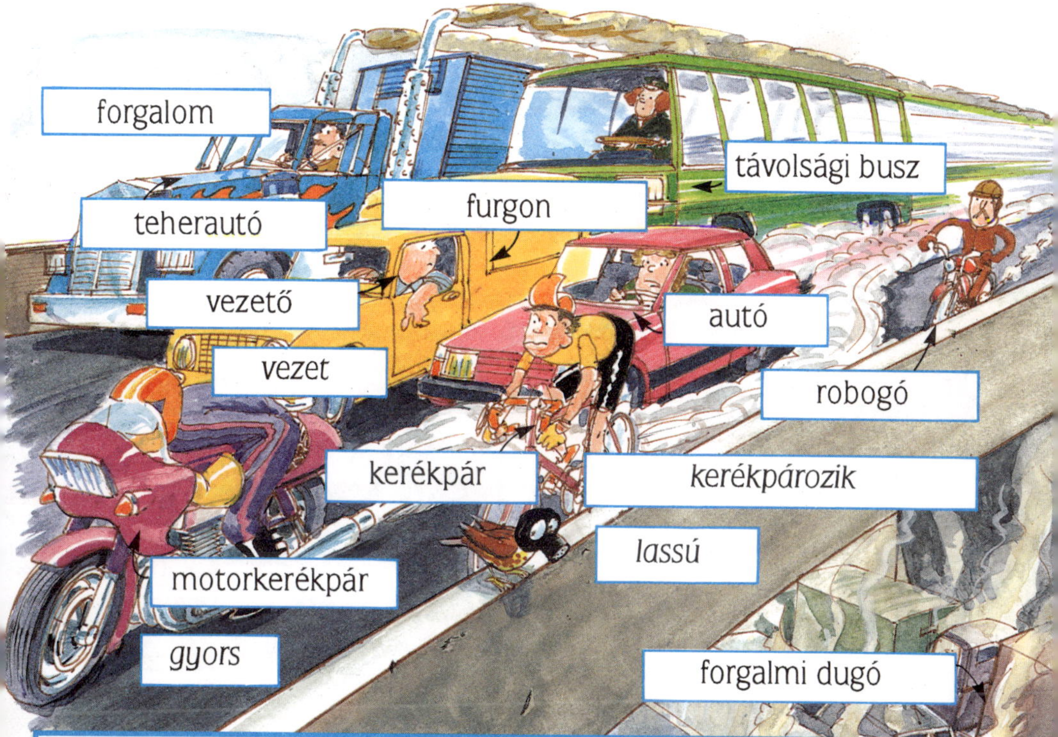

forgalom	traffic	**robogó**	moped
teherautó	lorry	**kerékpározik**	to ride a bicycle
furgon	van	**kerékpár**	bicycle
távolsági busz	coach	**lassú**	slow
vezető	driver	**motorkerékpár**	motorbike
vezet	to drive	**gyors**	fast
autó	car	**forgalmi dugó**	traffic jam

taxiállomás	taxi rank
taxi	taxi
taxit fog	to hail a taxi
viteldíj	fare

Driving

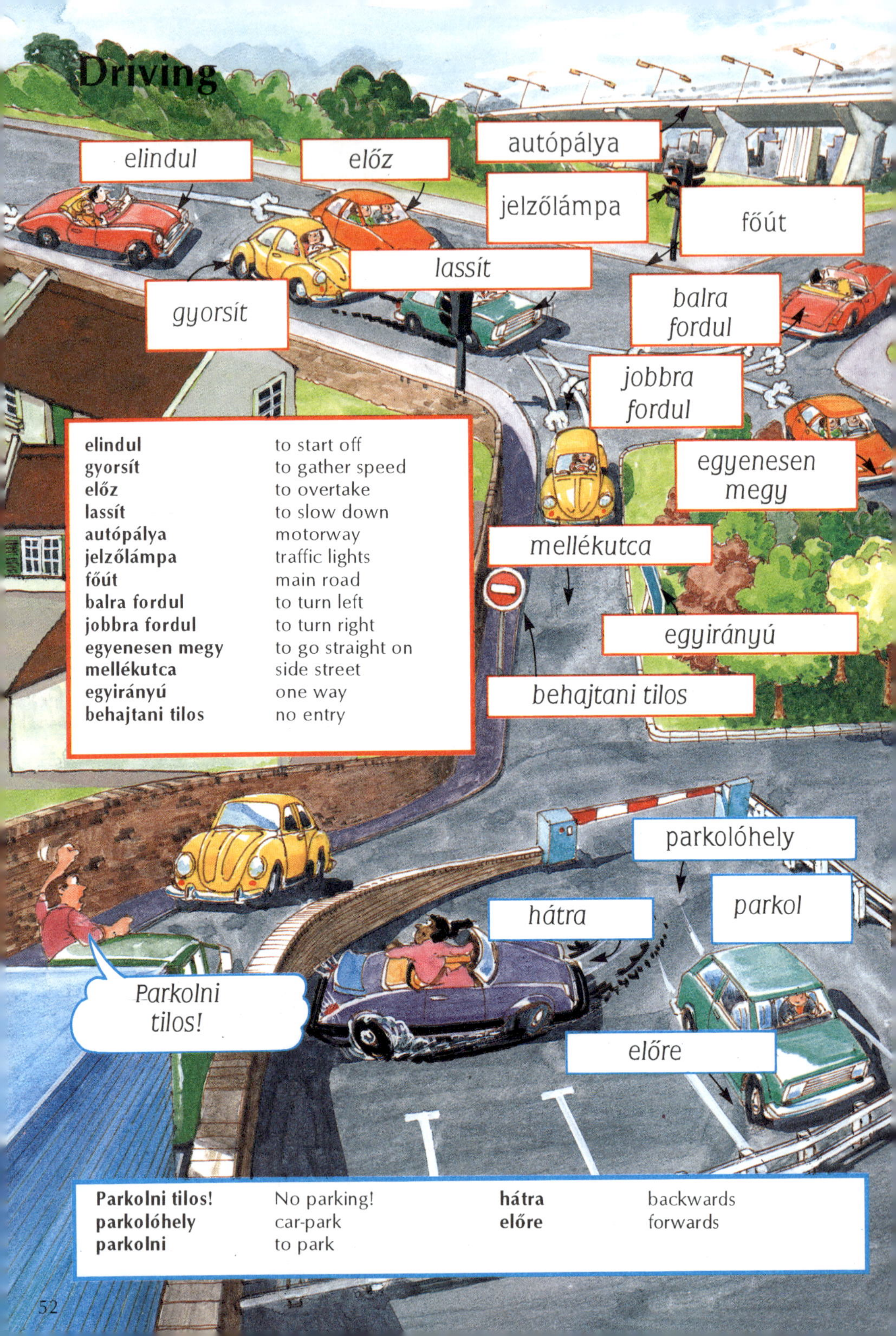

elindul	to start off
gyorsít	to gather speed
előz	to overtake
lassít	to slow down
autópálya	motorway
jelzőlámpa	traffic lights
főút	main road
balra fordul	to turn left
jobbra fordul	to turn right
egyenesen megy	to go straight on
mellékutca	side street
egyirányú	one way
behajtani tilos	no entry

Parkolni tilos!	No parking!	**hátra**	backwards
parkolóhely	car-park	**előre**	forwards
parkolni	to park		

ütközés	collision
kormány	steering wheel
szélvédő	windscreen
biztonsági öv	safety belt
irányjelző	indicator
fényszóró	headlight
motorháztető	bonnet
csomagtartó	boot
rendszámtábla	number plate
kerék	wheel
gumi	tyre
kürt	horn

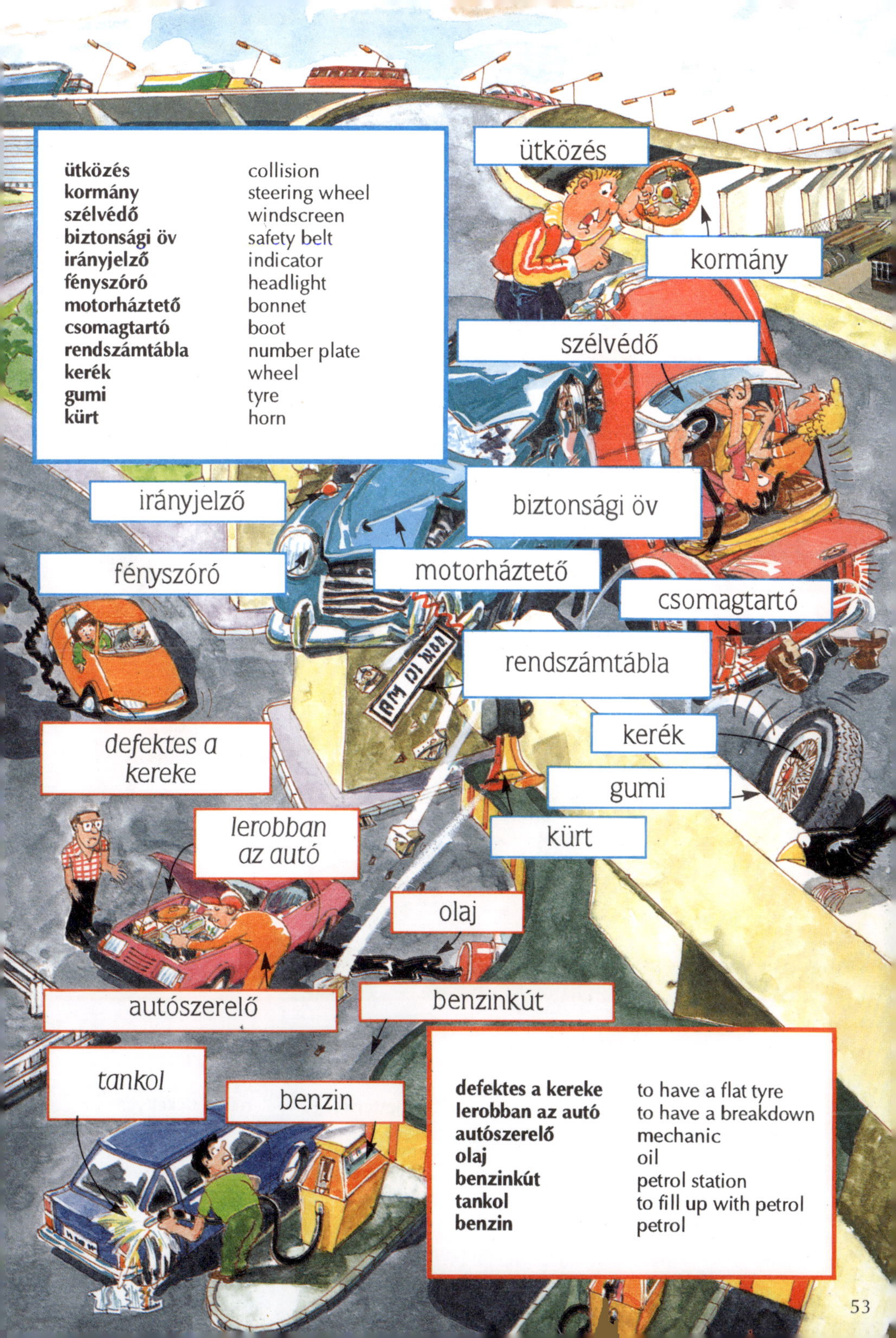

defektes a kereke	to have a flat tyre
lerobban az autó	to have a breakdown
autószerelő	mechanic
olaj	oil
benzinkút	petrol station
tankol	to fill up with petrol
benzin	petrol

Travelling by train

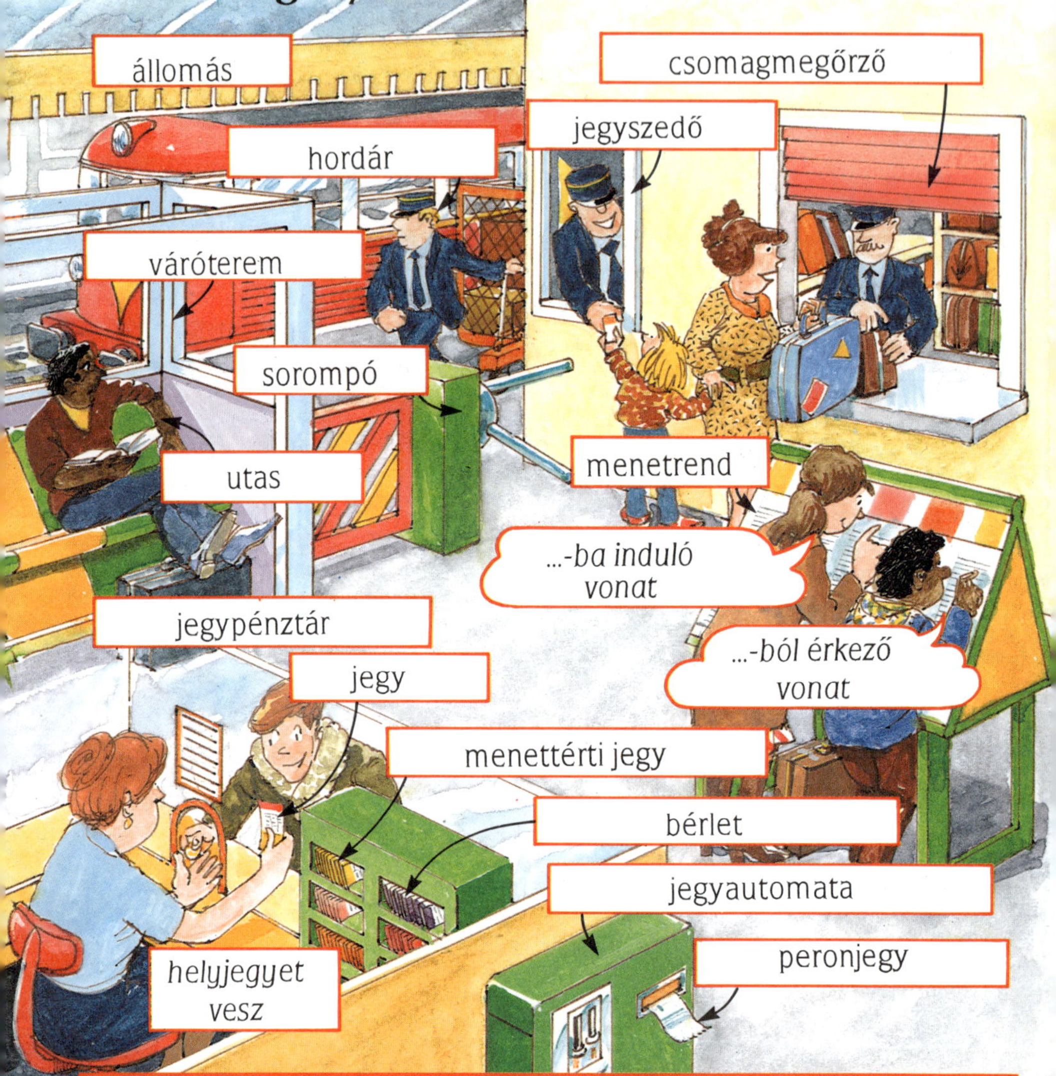

állomás	station	**...-ból érkező vonat**	The train from ...
hordár	porter	**jegypénztár**	ticket office
csomagmegőrző	left luggage office	**jegy**	ticket
jegyszedő	ticket collector	**menettérti jegy**	return ticket
váróterem	waiting-room	**bérlet**	season ticket
sorompó	barrier	**jegyautomata**	ticket machine
utas	passenger	**helyjegyet vesz**	to reserve a seat
menetrend	timetable	**peronjegy**	platform ticket...
-ba induló vonat	The train to...		

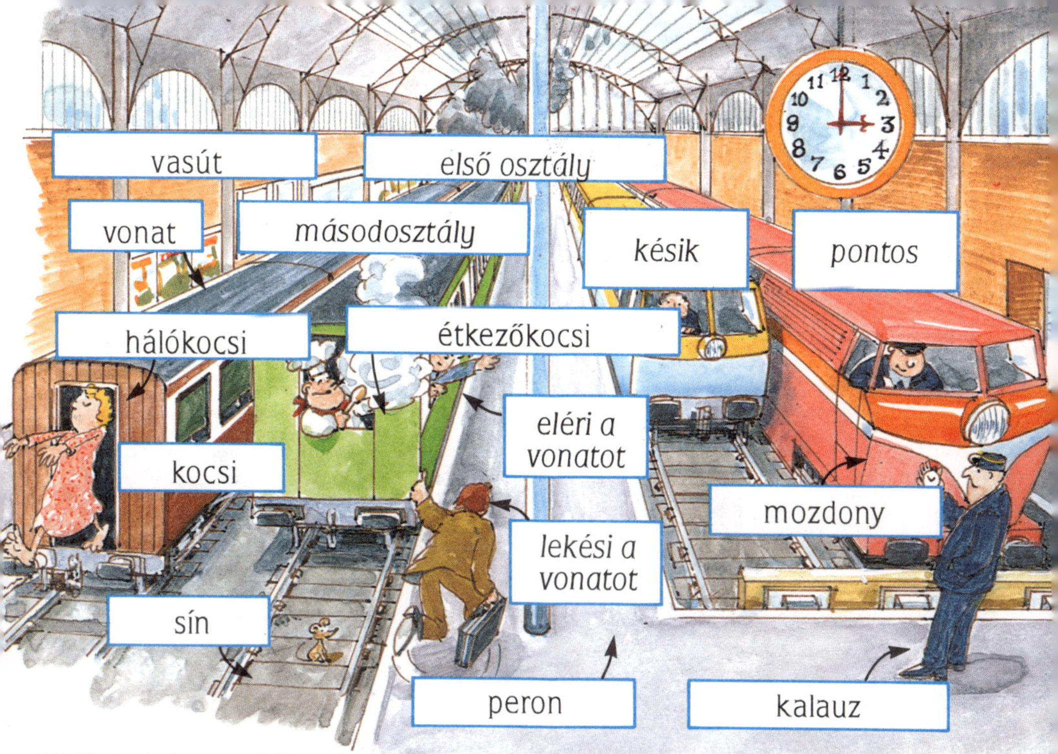

vasút	railway	**(vasúti) kocsi**	carriage
vonat	train	**eléri a vonatot**	to catch the train
első osztály	first class	**lekési a vonatot**	to miss the train
másodosztály	second class	**mozdony**	engine
késik	late	**sín**	track
pontos	on time	**peron/vágány**	platform
hálókocsi	sleeping-car	**kalauz**	guard
étkezőkocsi	buffet car		

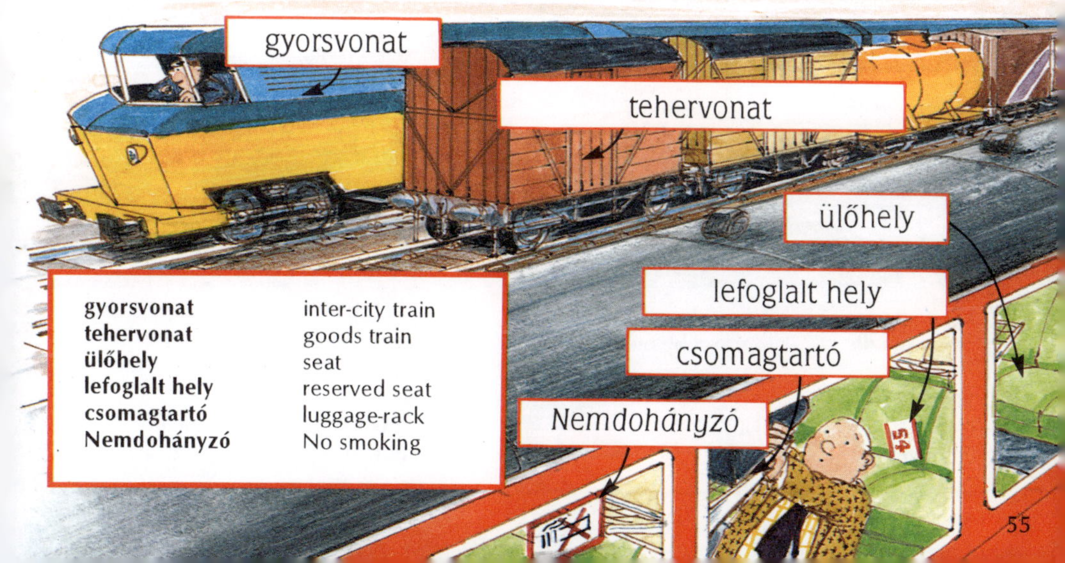

gyorsvonat	inter-city train
tehervonat	goods train
ülőhely	seat
lefoglalt hely	reserved seat
csomagtartó	luggage-rack
Nemdohányzó	No smoking

Travelling by plane and boat

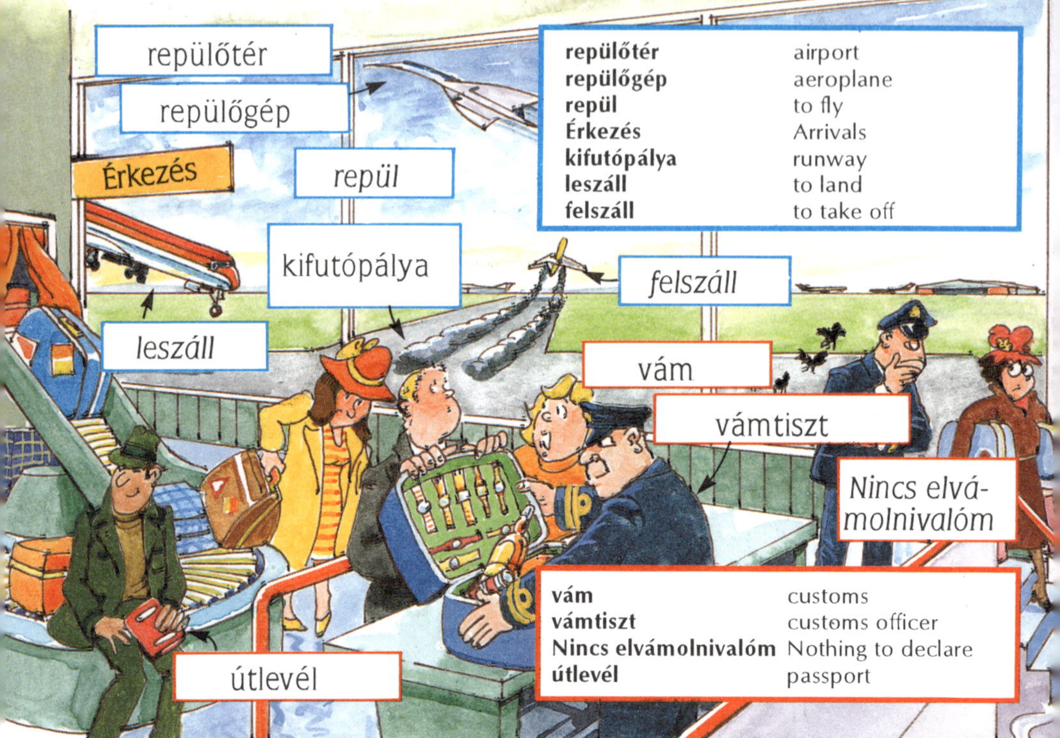

repülőtér	airport
repülőgép	aeroplane
repül	to fly
Érkezés	Arrivals
kifutópálya	runway
leszáll	to land
felszáll	to take off

vám	customs
vámtiszt	customs officer
Nincs elvámolnivalóm	Nothing to declare
útlevél	passport

kikötő	port	**horgony**	anchor
hajón utazik	to travel by boat	**kajüt**	cabin
hajó	ship	**fedélzet**	deck
óceánjáró	liner	**kémény**	funnel
zászló	flag	**kapitány**	captain
hajóablak	porthole	**hajópalló**	gangway

Indulás	Departures	**pilóta**	pilot
vámmentes bolt	duty-free shop	**személyzet**	crew
utasfelvétel	check-in	**légikisasszony**	air hostess
repülőjegy	airline ticket	**beszáll**	to board
címke	label	**bőrönd**	suitcase
kézikocsi	trolley	**Kapcsolják be a biztonsági öveket!**	Fasten your seatbelts!
kézipoggyász	hand luggage		

komp	ferry
átkelés	crossing
tengeribeteg	to be seasick
dokk	docks
rakomány	cargo
berakodik	to load
kirakodik	to unload
rakodótér	hold
tengerész	sailor

Holidays

nyaralni megy	to go on holiday
becsomagol	to pack
napolaj	suntan lotion
napszemüveg	sunglasses
turista	tourist
megnéz	to visit, to sightsee

szálloda	hotel	**szobát foglal**	to reserve a room
szállodában lakik	to stay in a hotel	**megtelt**	fully booked
recepció	reception	**fürdőszobával**	with bathroom
szállodai boy, hordár	porter	**erkéllyel**	with balcony
egyágyas szoba	single room	**panzió**	guest house
kétágyas szoba	double room		

a tengerparton	at the seaside
sirály	seagull
úszómester	lifeguard
hullám	wave
motorcsónak	powerboat
vízisízik	to waterski
szörfözik	to windsurf
úszik	to swim, to have a swim
lubickol	to paddle
tenger	sea
homok	sand
strand	beach

napozik	to sunbathe
barna	tanned
napernyő	sunshade
homokvár	sandcastle
vödör	bucket
ásó	spade

szikla	rock
hínár	seaweed
rák	crab
kagyló	shell

Holidays

hegyet mászik	to go mountaineering
hegy	mountain
csúcs	summit
kilátás	view
meredek	steep
mászik	to climb
hegymászó	climber
hátizsák	rucksack, backpack

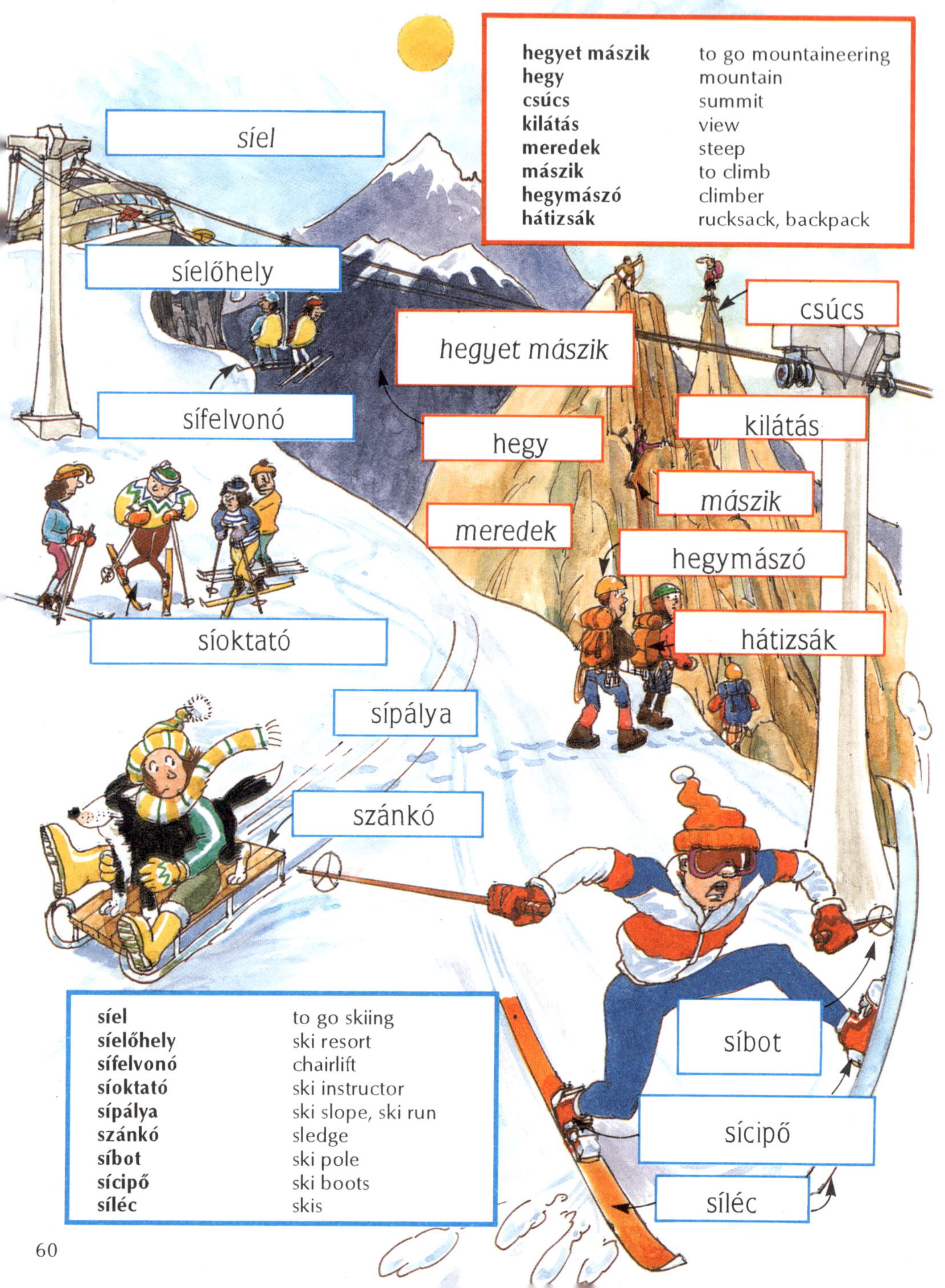

síel	to go skiing
síelőhely	ski resort
sífelvonó	chairlift
síoktató	ski instructor
sípálya	ski slope, ski run
szánkó	sledge
síbot	ski pole
sícipő	ski boots
síléc	skis

sátorozik	to camp
kemping	campsite
lakókocsi	caravan
sátor	tent
felveri a sátrat	to pitch a tent
kempingfőző	stove
hálózsák	sleeping bag

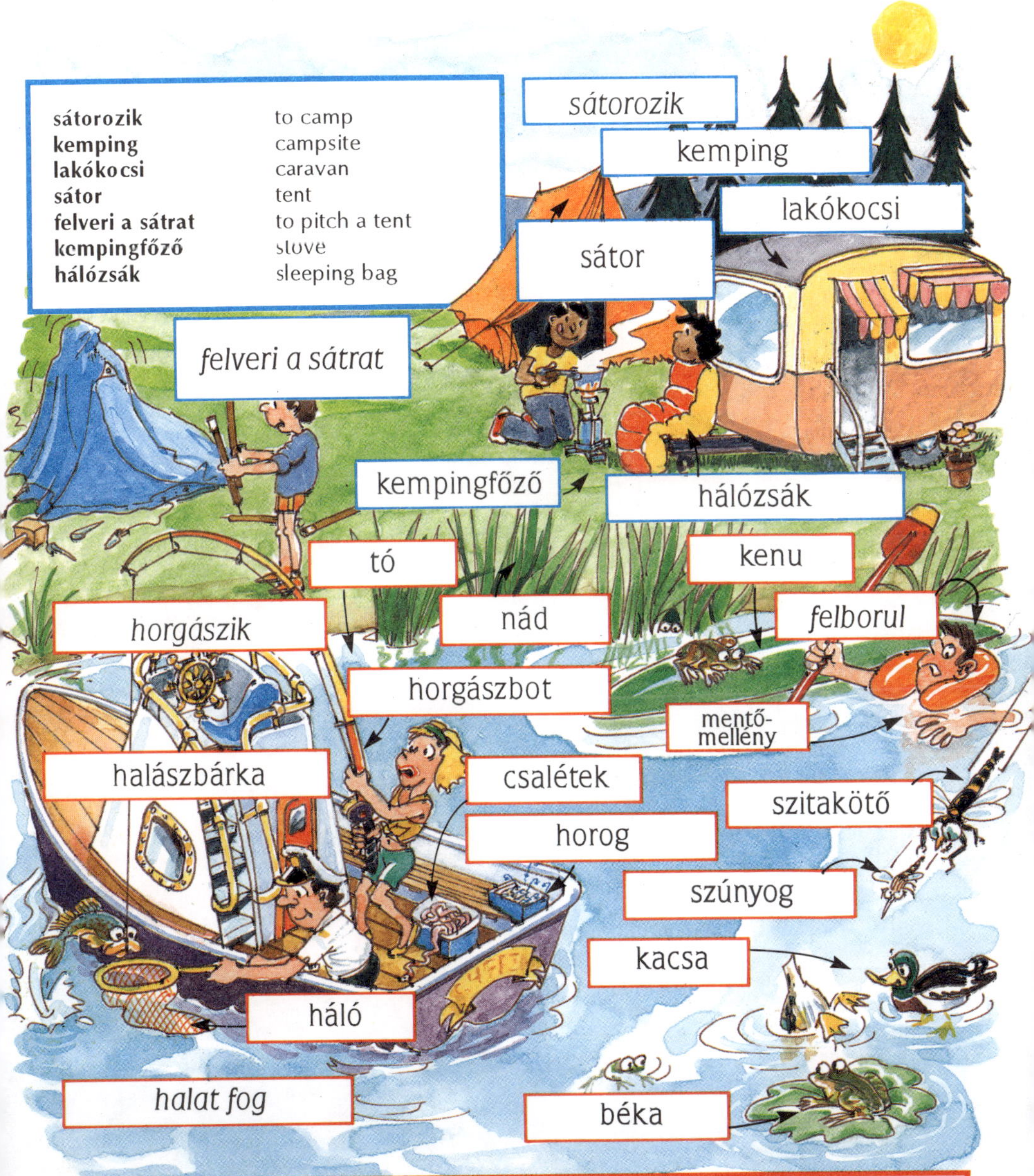

tó	lake	**halat fog**	to catch a fish
nád	reed	**kenu**	canoe
horgászik	to go fishing	**felborul**	to capsize
horgászbot	fishing rod	**mentőmellény**	float
halászbárka	fishing boat	**szitakötő**	dragonfly
csalétek	bait	**szúnyog**	mosquito
horog	hook	**kacsa**	duck
háló	net	**béka**	frog

In the countryside

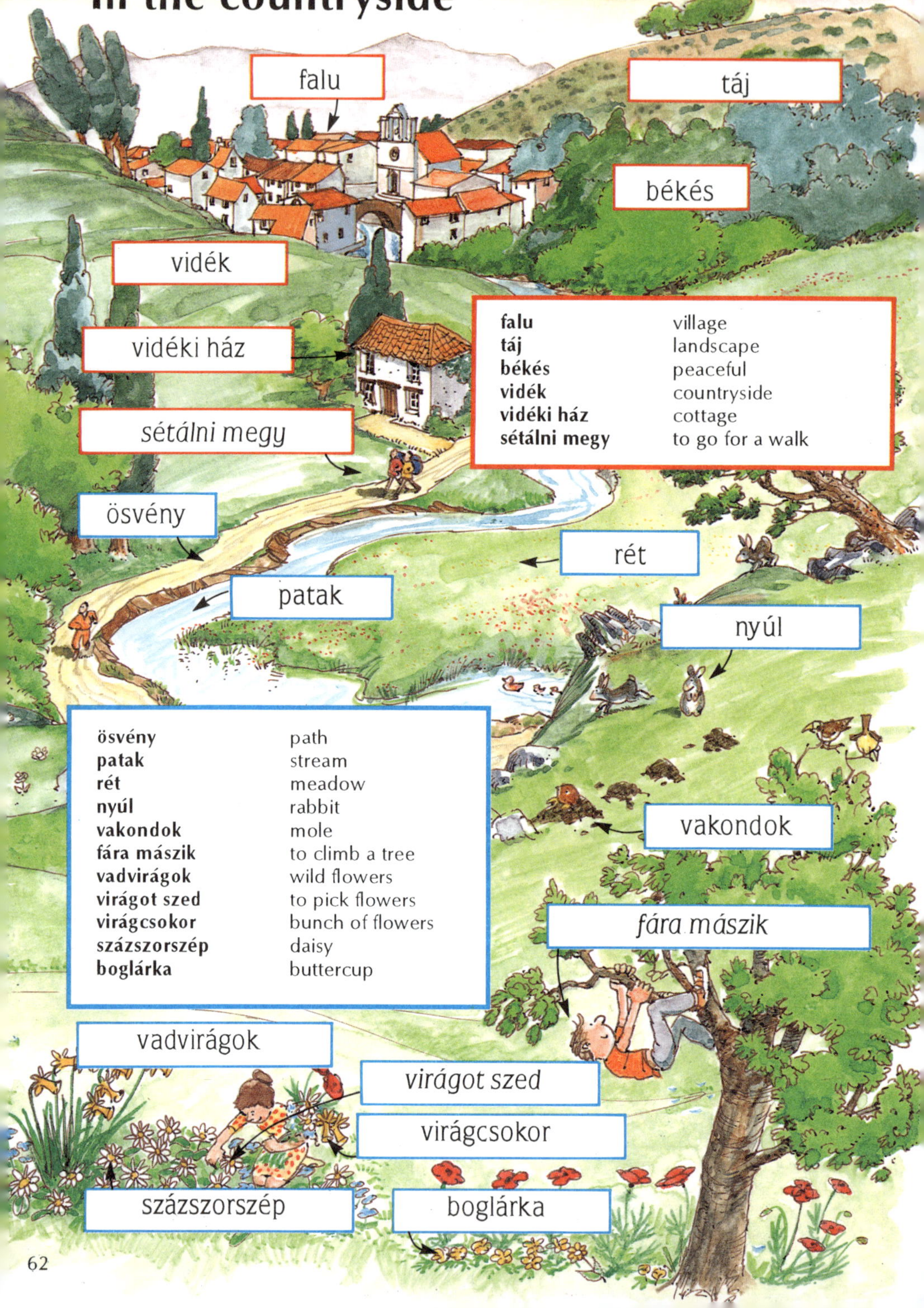

falu	village
táj	landscape
békés	peaceful
vidék	countryside
vidéki ház	cottage
sétálni megy	to go for a walk

ösvény	path
patak	stream
rét	meadow
nyúl	rabbit
vakondok	mole
fára mászik	to climb a tree
vadvirágok	wild flowers
virágot szed	to pick flowers
virágcsokor	bunch of flowers
százszorszép	daisy
boglárka	buttercup

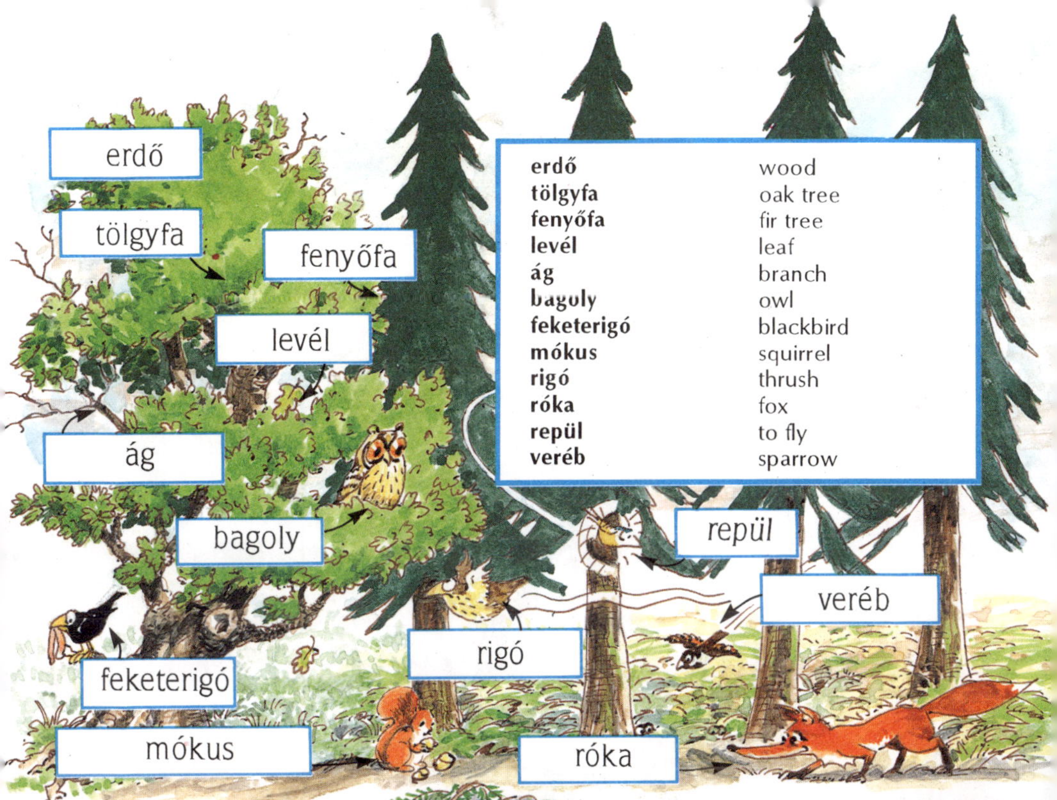

erdő	wood
tölgyfa	oak tree
fenyőfa	fir tree
levél	leaf
ág	branch
bagoly	owl
feketerigó	blackbird
mókus	squirrel
rigó	thrush
róka	fox
repül	to fly
veréb	sparrow

völgy	valley
hegy	hill
híd	bridge
lejtő	slope
szomorúfűz	weeping willow
part	bank
folyó	river
légy	fly
pók	spider
szúnyog	mosquito

On the farm

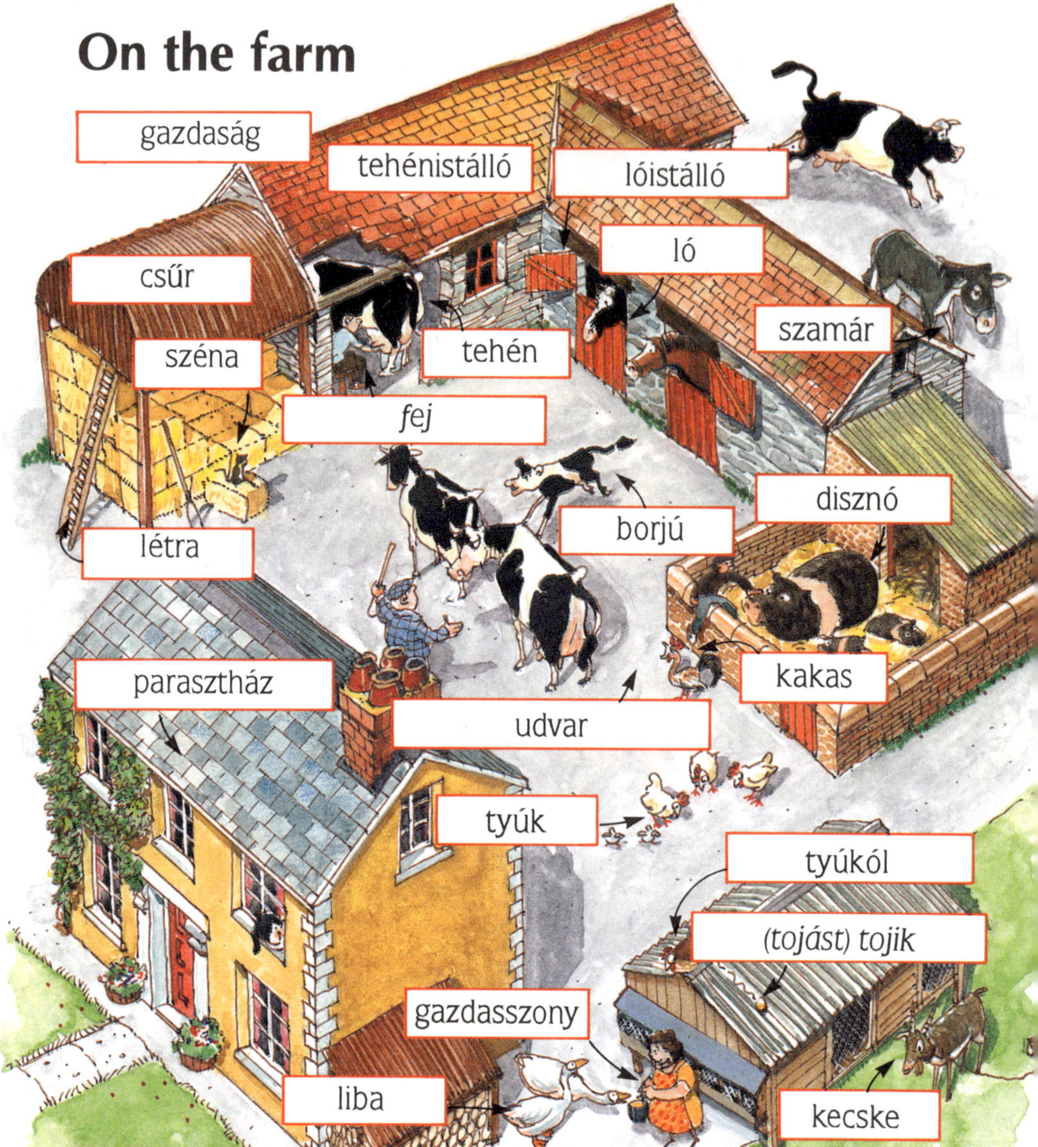

gazdaság	farm	**létra**	ladder
tehénistálló	cowshed	**parasztház**	farmhouse
lóistálló	stable	**udvar**	farmyard
ló	horse	**tyúk**	hen
csűr	barn	**kakas**	cock
széna	hay	**tyúkól**	henhouse
tehén	cow	**(tojást) tojik**	to lay eggs
fej	to milk the cows	**gazdasszony**	farmer's wife
borjú	calf	**liba**	goose
szamár	donkey	**kecske**	goat
disznó	pig		

mező	field
nyáj	flock
juh	sheep
bárány	lamb
gazda	farmer
kapu	gate
pásztorkutya	sheepdog

szőlő(skert)	vineyard
szőlő(tő)	vine
arat	to harvest
szénakazal	haystack
búza	wheat
vet	to sow

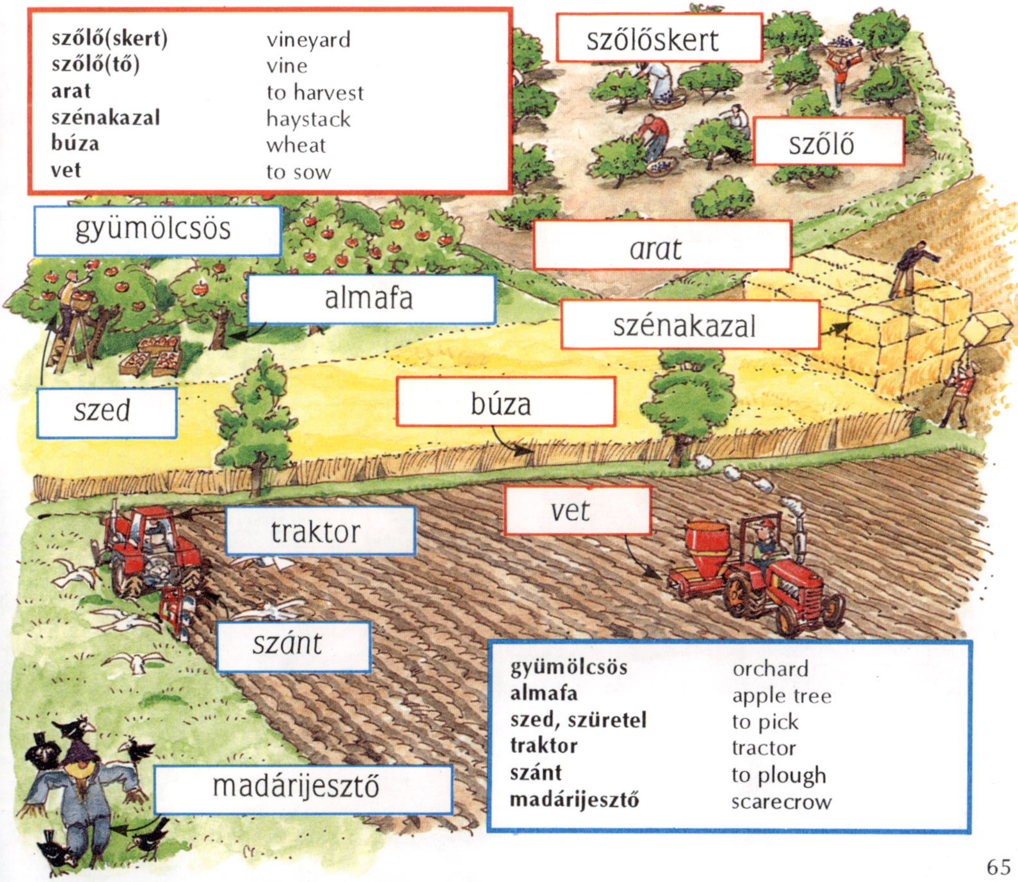

gyümölcsös	orchard
almafa	apple tree
szed, szüretel	to pick
traktor	tractor
szánt	to plough
madárijesztő	scarecrow

At work

munkába megy	to go to work	**ebédidő**	lunch hour
elkésik	to be late	**túlóra**	overtime
pontos	to be on time		

iroda	office	**szorgalmas**	hard-working
főnök	boss	**lusta**	lazy
titkár(nő)	secretary	**nyugdíjba megy**	to retire
alkalmaz vkit	to employ someone	**elbocsát vkit**	to fire someone
alkalmazott	employee		

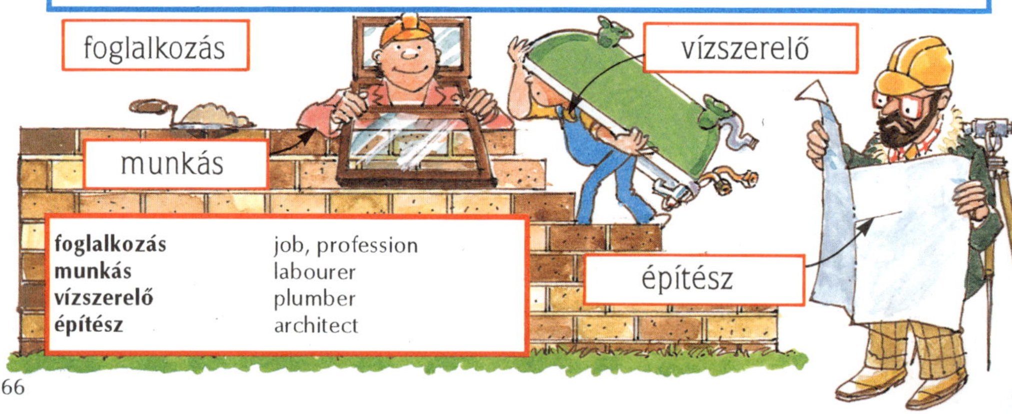

foglalkozás	job, profession
munkás	labourer
vízszerelő	plumber
építész	architect

bíró	judge
ügyvéd	lawyer
újságíró	journalist
rendőr	policeman/woman

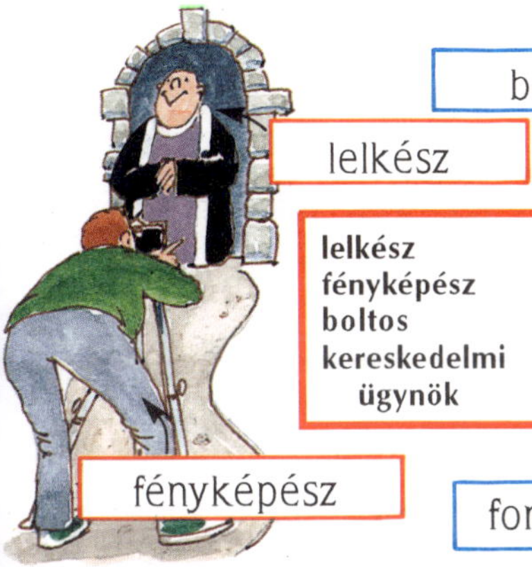

lelkész	vicar
fényképész	photographer
boltos	shopkeeper
kereskedelmi ügynök	sales representative

tengerész	sailor
katona	soldier
formatervező	designer
fodrász	hairdresser
manöken	model

szemetes	dustman
taxisofőr	taxi-driver
teherautó-vezető	lorry-driver
tűzoltó	fireman
pilóta	pilot
légikisasszony	air hostess

Illness and health

rosszul érzi magát	to feel ill	**recept**	prescription
lázat mér	to take someone's temperature	**(meg)gyógyít**	to cure
hőmérő	thermometer	**tabletta**	pill
lázas	to have a temperature	**jobban érzi magát**	to feel better
orvos	doctor	**egészséges**	healthy

náthás	to have a cold
tüsszög	to sneeze
elájul	to faint
fáj a hasa	to have stomach ache
hányingere van	to be sick
fáj a feje	to have a headache

fogorvos	dentist
betömik a fogát	to have a filling
injekció	injection
fáj a foga	to have toothache

kórház	hospital	**égési sérülés**	burn
baleseti sebészet	casualty department	**kificamítja a csuklóját**	to sprain your wrist
eltöri a lábát	to break your leg	**sebtapasz**	sticking plaster
zúzódás	bruise	**kötés**	bandage
seb	wound		

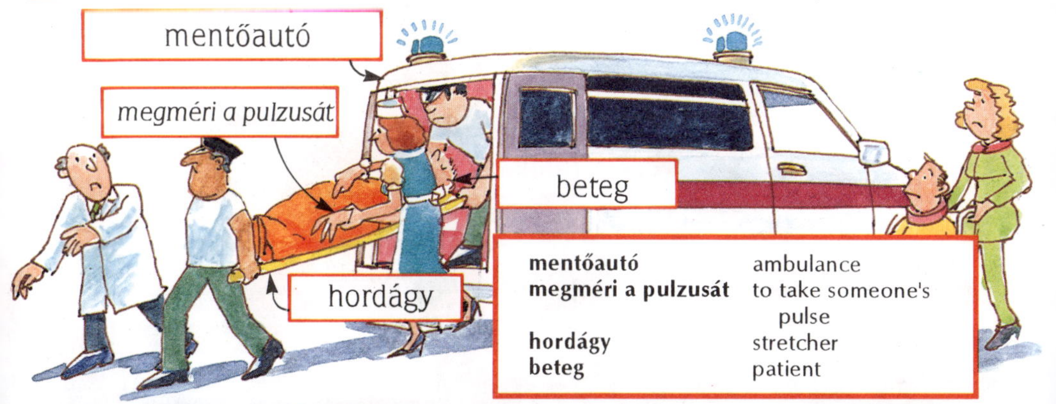

mentőautó	ambulance
megméri a pulzusát	to take someone's pulse
hordágy	stretcher
beteg	patient

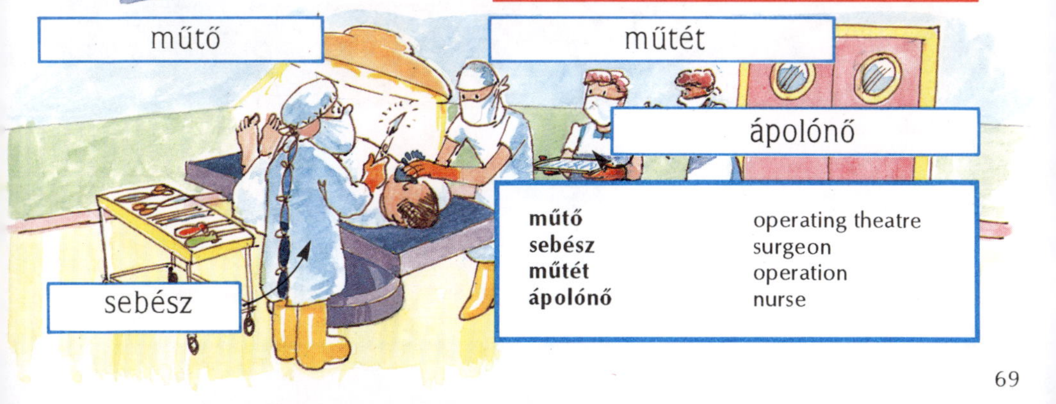

műtő	operating theatre
sebész	surgeon
műtét	operation
ápolónő	nurse

School and education

óvoda	nursery school	**középiskola**	secondary school
általános iskola	primary school	**igazgatónő**	headmistress
igazgató	headmaster	**egyetem**	university

iskolában	at school	**könnyű**	easy
osztályterem	classroom	**nehéz**	difficult
térkép	map	**tábla**	blackboard
(tan)óra	lesson	**kréta**	chalk
tanár	teacher	**olvas**	to read
tanít	to teach	**ír**	to write
tanuló	pupil	**kérdez**	to ask a question
tanul	to learn		

iskolatáska	satchel
füzet	exercise book
tolltartó	pencil case
toll, töltőtoll	pen
golyóstoll	ballpoint pen
ceruza	pencil
radír	rubber
vonalzó	ruler

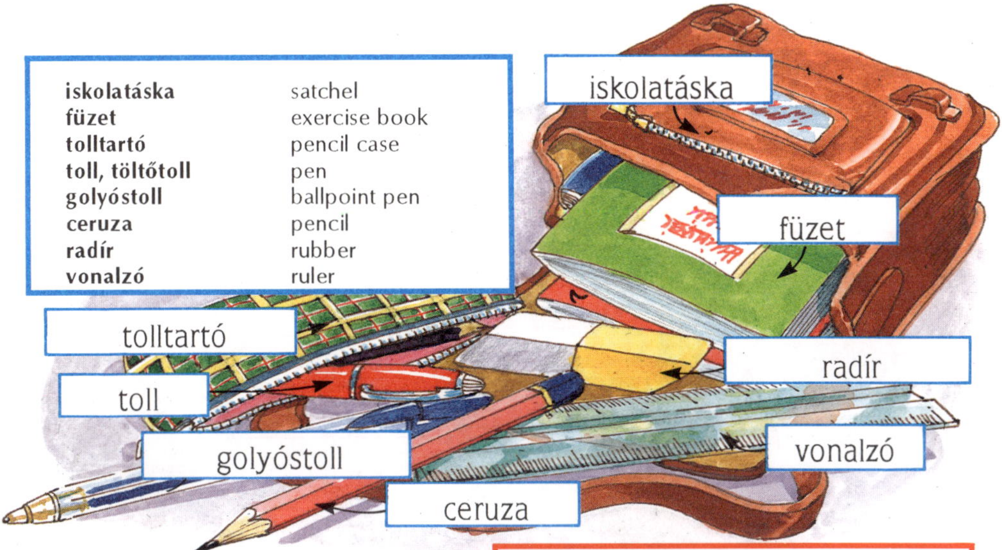

óvodában	at nursery school
játék	toy
színes ceruza	crayon
képeskönyv	picture book
játszik	to play

játszótér	playground
szünet	break
csengő	bell
öltöző	cloakroom

School and education

félév	term	**matematika**	maths
a félév kezdete	beginning of term	**fizika**	physics
a félév vége	end of term	**kémia**	chemistry
órarend	timetable	**biológia**	biology
tantárgy	subject	**történelem**	history
francia	French	**földrajz**	geography
angol	English	**ének-zene**	music
német	German	**számítástechnika**	computer studies
magyar	Hungarian	**testnevelés**	PE

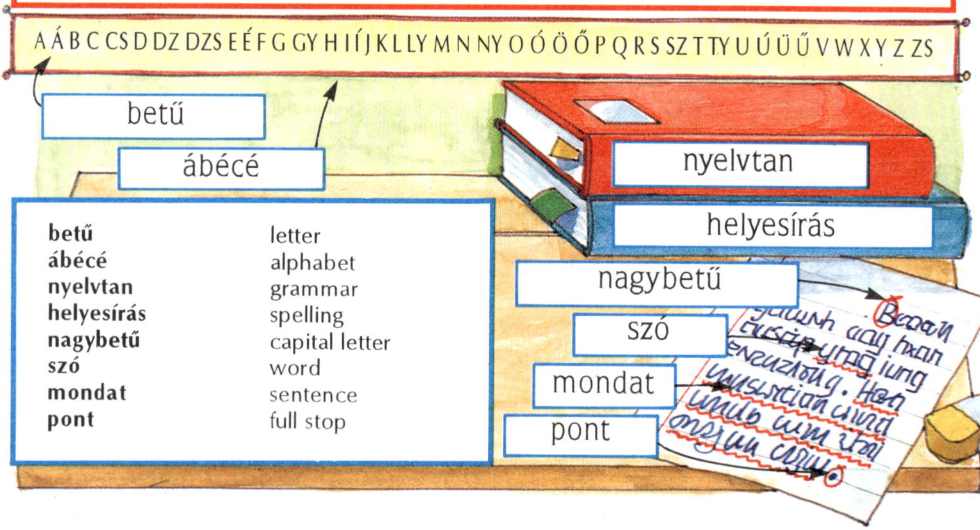

betű	letter
ábécé	alphabet
nyelvtan	grammar
helyesírás	spelling
nagybetű	capital letter
szó	word
mondat	sentence
pont	full stop

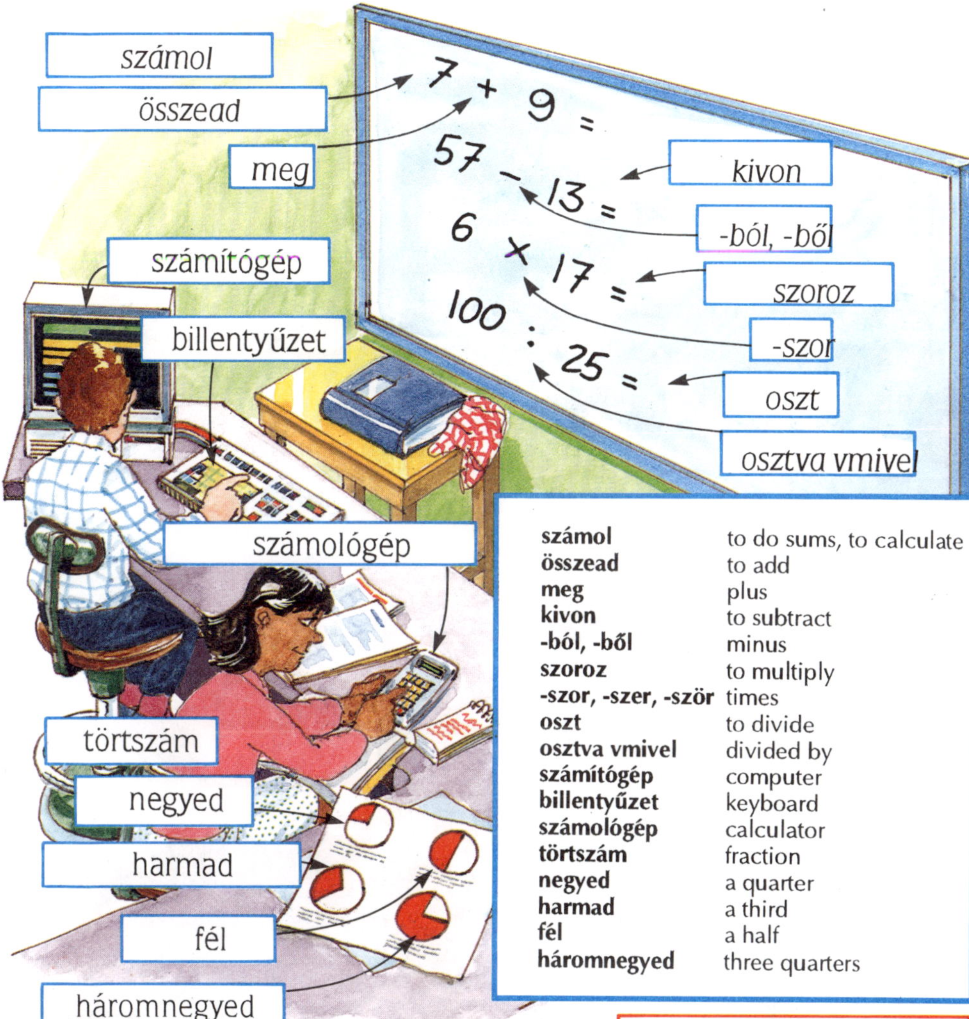

számol	to do sums, to calculate
összead	to add
meg	plus
kivon	to subtract
-ból, -ből	minus
szoroz	to multiply
-szor, -szer, -ször	times
oszt	to divide
osztva vmivel	divided by
számítógép	computer
billentyűzet	keyboard
számológép	calculator
törtszám	fraction
negyed	a quarter
harmad	a third
fél	a half
háromnegyed	three quarters

hallgató	student	**Sok szerencsét!**	Good luck!
tanul	to study	**átmegy a vizsgán**	to pass an exam
vizsga	exam	**megbukik a vizsgán**	to fail an exam
vizsgázik	to sit an exam		

Shapes and sizes

alak	shape
kör	circle
négyzet	square
háromszög	triangle
kúp	cone
téglalap	rectangle

hatalmas	enormous
nagy	big
kicsi	small
parányi	tiny

magasság	height
mér	to measure
méter	metre
centiméter	centimetre
hossz(úság)	length
szélesség	width

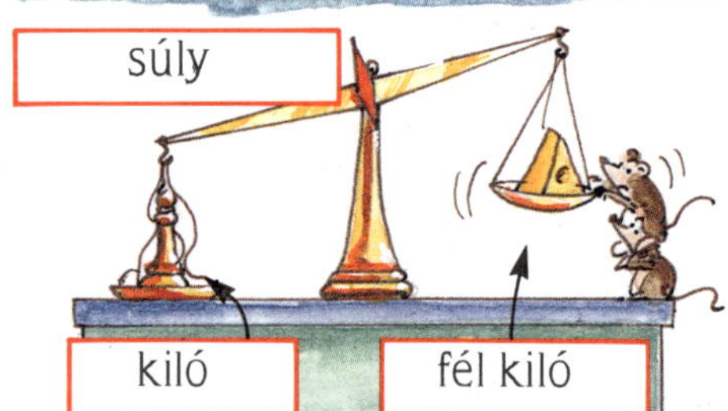

űrtartalom	volume	**súly**	weight
liter	litre	**kiló**	kilo
fél liter	half a litre	**fél kiló**	half a kilo

Numbers

millió
1.000.000
ezer
1.000
száz
100
kilencvenegy
91
kilencven
90
nyolcvanegy
81
nyolcvan
80
hetvenkettő
72
hetvenegy
71
hetven
70
hatvan
60
ötven
50
negyven
40
harminckettő
32
harmincegy
31
harminc
30
huszonkettő
22
huszonegy
21
húsz
20
tizenkilenc
19
tizennyolc
18
tizenhét
17
tizenhat
16
tizenöt
15
tizennégy
14
tizenhárom
13
tizenkettő
12
tizenegy
11
tíz
10
kilenc
9
nyolc
8
hét
7
hat
6
öt
5
négy
4
három
3
kettő
2
egy
1
nulla
0

Sport

edzett	to be fit	**hajpánt**	headband
edz	to exercise	**tornacipő**	tennis shoes
kocog	to jog	**melegítő**	tracksuit

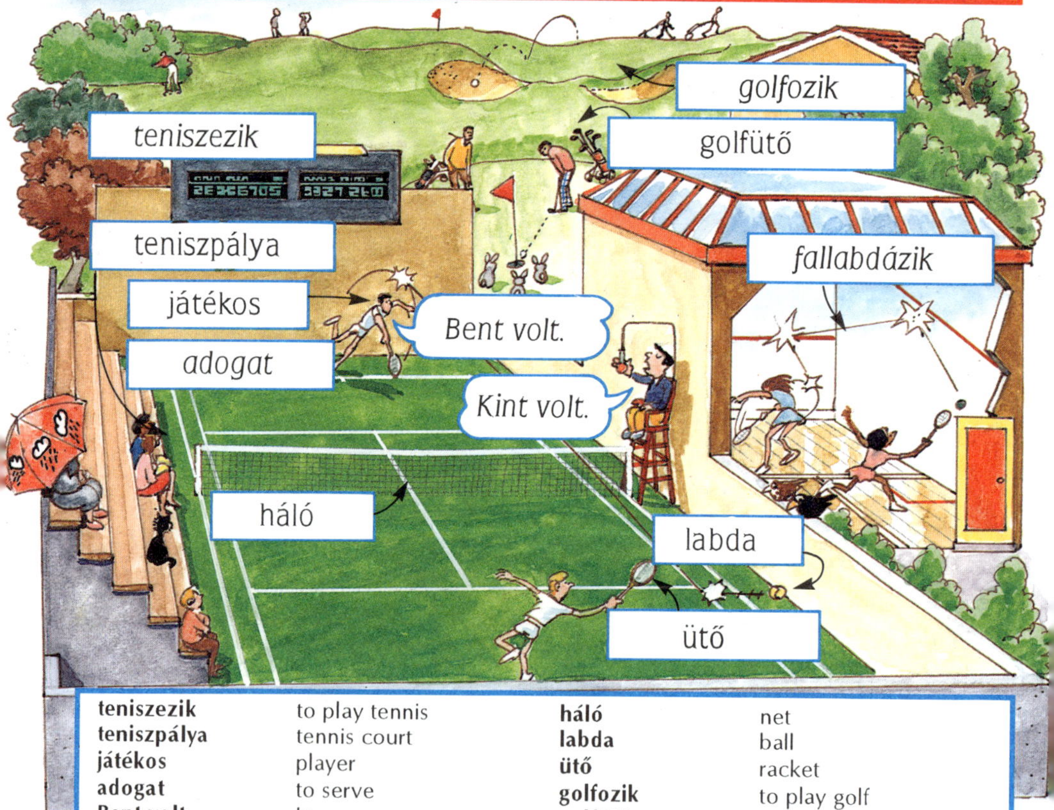

teniszezik	to play tennis	**háló**	net
teniszpálya	tennis court	**labda**	ball
játékos	player	**ütő**	racket
adogat	to serve	**golfozik**	to play golf
Bent volt.	In.	**golfütő**	golf club
Kint volt.	Out.	**fallabdázik**	to play squash

focizik	to play football
bíró	referee
csapat	team
pálya	pitch
kapus	goalkeeper
labda	ball, football
gólt lő	to score a goal

uszoda	swimming pool	**gyorsúszik**	to crawl
úszik	to swim	**fejest ugrik**	to dive
háton úszik	to do back-stroke	**ugródeszka**	diving board
mellen úszik	to do breast-stroke		

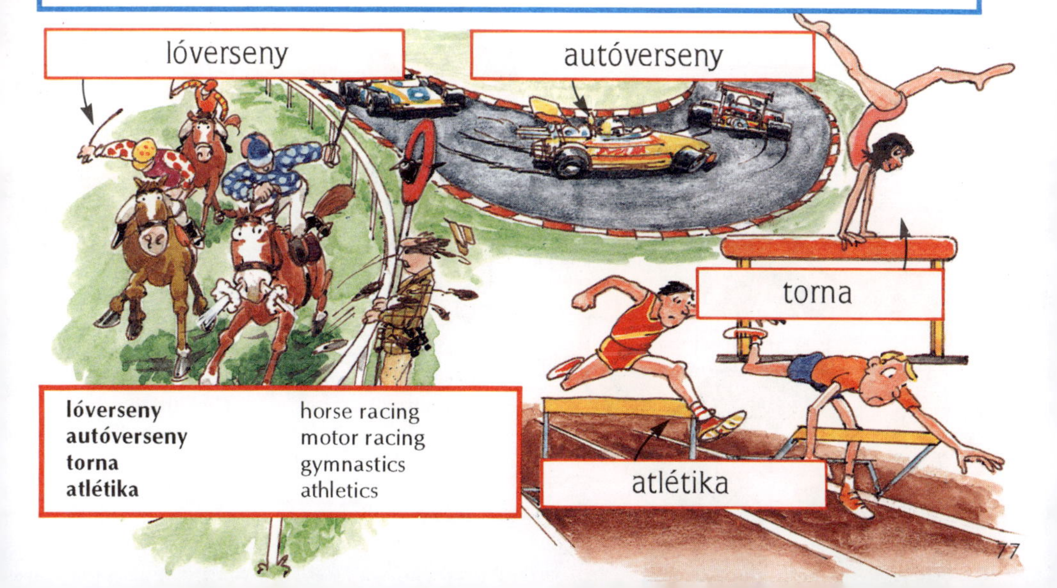

lóverseny	horse racing
autóverseny	motor racing
torna	gymnastics
atlétika	athletics

Celebrations

születésnap	birthday
buli	party
lufi	balloon
Boldog születésnapot!	Happy birthday!
meghív	to invite
jól mulat	to have fun, to enjoy yourself
torta	cake
üdvözlőlap	birthday card
ajándék	present
csomagolás	wrapping
gyertya	candle

húsvét	Easter
karácsony	Christmas
szenteste	Christmas Eve
karácsony első napja	Christmas Day
karácsonyfa	Christmas tree

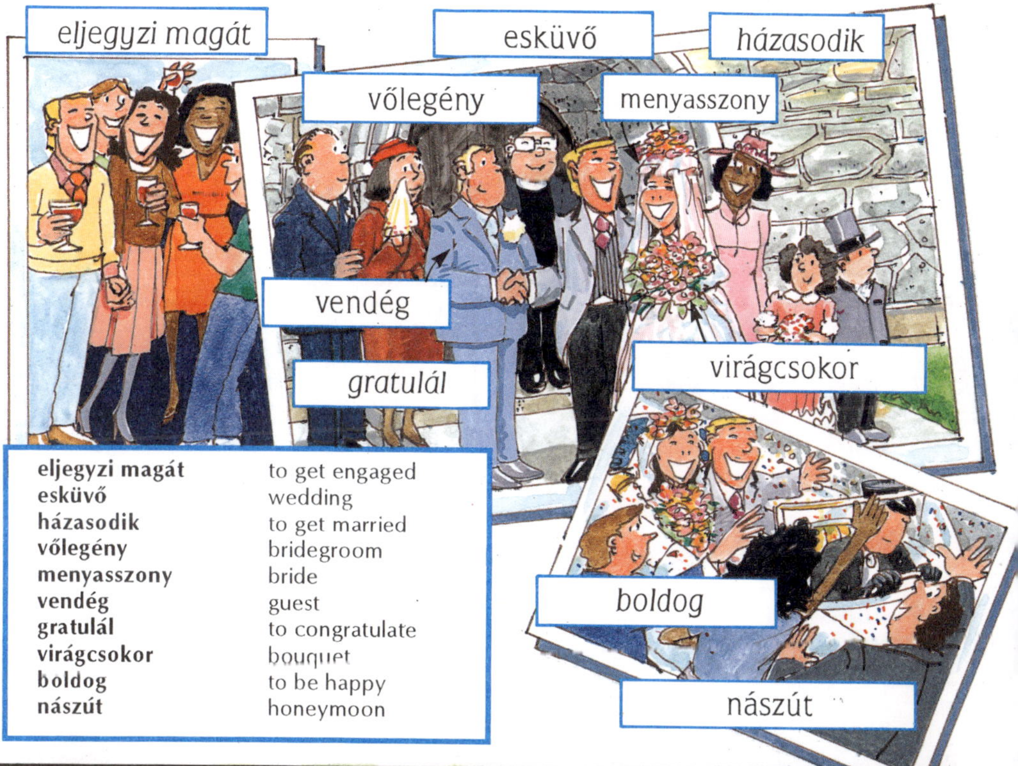

eljegyzi magát	to get engaged
esküvő	wedding
házasodik	to get married
vőlegény	bridegroom
menyasszony	bride
vendég	guest
gratulál	to congratulate
virágcsokor	bouquet
boldog	to be happy
nászút	honeymoon

Boldog karácsonyt!	Happy Christmas!
karácsonyi dal	Christmas carol
ajándékoz	to give (a present)
kap	to receive
Köszönöm szépen.	Thank you very much.
megköszön	to thank

szilveszter	New Year's Eve
újév napja	New Year's Day
ünnepel	to celebrate
Boldog új évet!	Happy New Year!

Days and dates

naptár	calendar
hónap	month
január	January
február	February
március	March
április	April
május	May
június	June
július	July
augusztus	August
szeptember	September
október	October
november	November
december	December
év	year
nap	day
hét	week
hétvége	week-end
hétfő	Monday
kedd	Tuesday
szerda	Wednesday
csütörtök	Thursday
péntek	Friday
szombat	Saturday
vasárnap	Sunday

napló	diary
dátum	date
június 2-án, kedden	on Tuesday, the 2nd of June
elseje	the first
másodika	the second
harmadika	the third
negyedike	the fourth
ötödike	the fifth

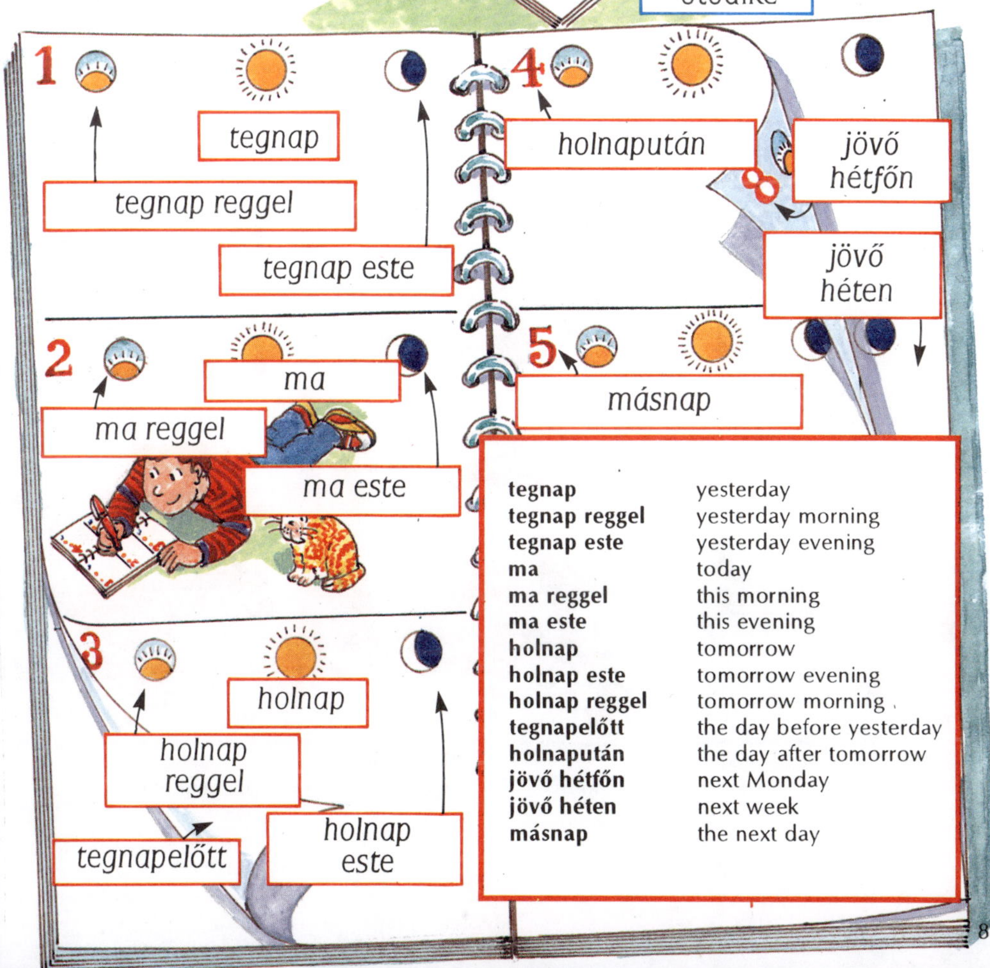

tegnap	yesterday
tegnap reggel	yesterday morning
tegnap este	yesterday evening
ma	today
ma reggel	this morning
ma este	this evening
holnap	tomorrow
holnap este	tomorrow evening
holnap reggel	tomorrow morning
tegnapelőtt	the day before yesterday
holnapután	the day after tomorrow
jövő hétfőn	next Monday
jövő héten	next week
másnap	the next day

Time

hajnal	dawn	**Világos van.**	It is light.
napkelte	sunrise	**nap**	day
Virrad.	It is getting light.	**nappal**	in the daytime
Nap	sun	**reggel**	morning, in the morning
ég	sky		

délután	afternoon, in the afternoon	**Sötétedik.**	It is getting dark.
		éjjel	night, at night
este	evening, in the evening	**csillagok**	stars
		Hold	moon
naplemente	sunset	**Sötét van.**	It is dark.

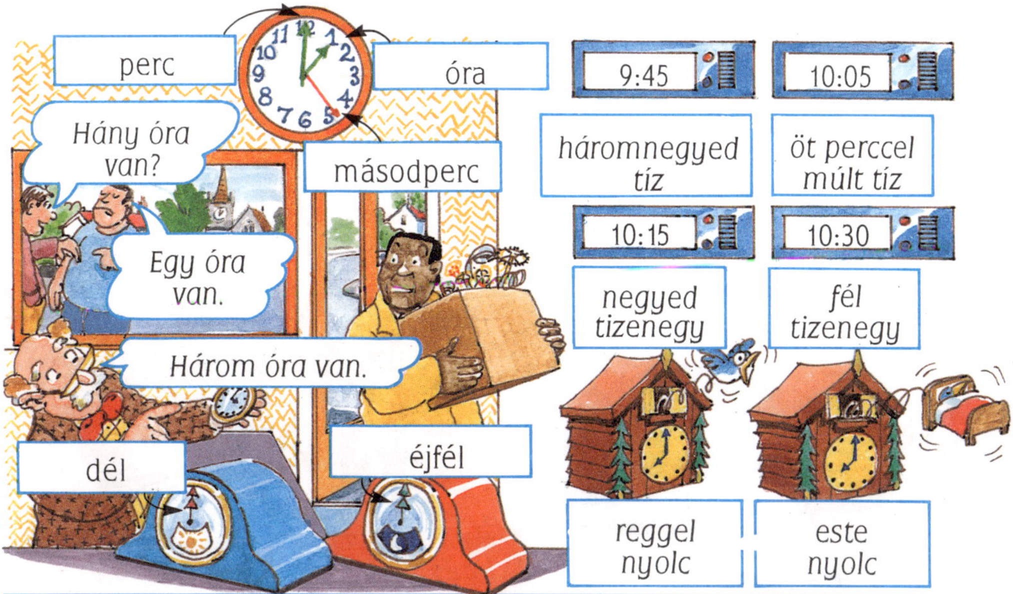

Hány óra van?	What time is it?	**éjfél**	midnight
óra	hour	**háromnegyed tíz**	a quarter to ten
perc	minute	**öt perccel múlt tíz**	five past ten
másodperc	second	**negyed tizenegy**	a quarter past ten
Egy óra van.	It is 1 o'clock.	**fél tizenegy**	half past ten
Három óra van.	It is 3 o'clock.	**reggel nyolc**	8 a.m.
dél	midday	**este nyolc**	8 p.m.

idő	time	**a múltban**	in the past
múlt	past	**a jövőben**	in the future
jövő	future	**most**	now, nowadays
jelen	present		

Weather and seasons

évszak	season
tavasz	spring
nyár	summer
ősz	autumn
tél	winter

időjárás	weather
Esik az eső.	It's raining.
eső	rain
vihar	thunderstorm
felhő	cloud
villám	lightning
mennydörgés	thunder
esernyő	umbrella
szivárvány	rainbow
gumicsizma	wellington boots
bőrig ázott	soaked to the skin
pocsolya	puddle
esőcsepp	raindrop
árvíz	flood
jégeső	hail

éghajlat	climate
időjárás-jelentés	weather forecast
Milyen idő van?	What is the weather like?

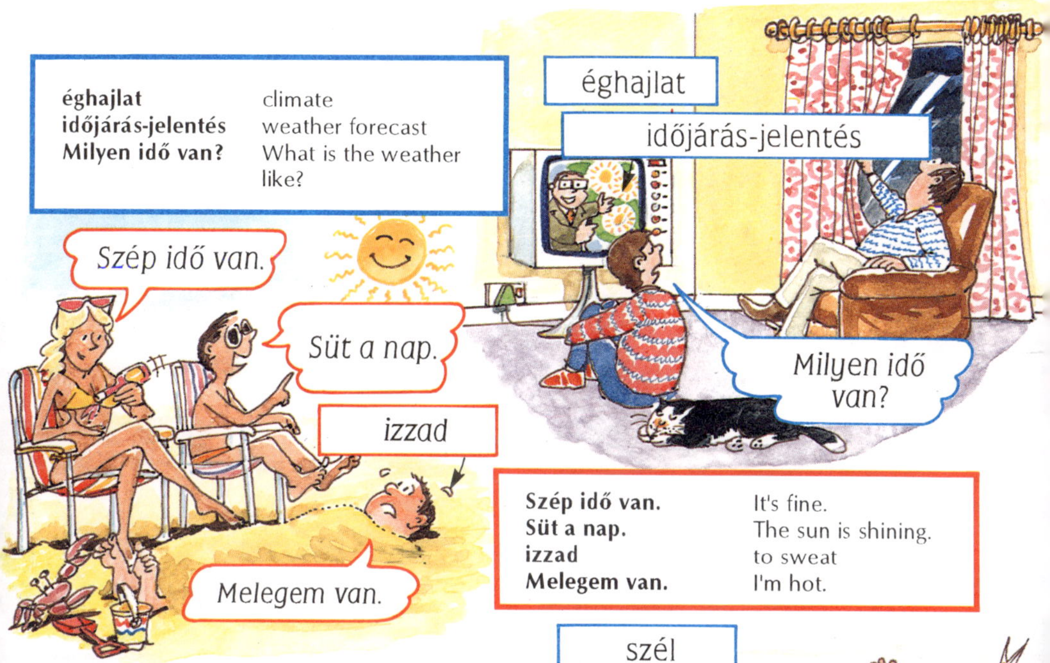

Szép idő van.	It's fine.
Süt a nap.	The sun is shining.
izzad	to sweat
Melegem van.	I'm hot.

szél	wind
Fúj a szél.	It's windy.
köd	fog
Köd van.	It's foggy.

Hideg van.	It's cold.
át van fagyva	to be frozen
fagy	frost
jégcsap	icicle
hó	snow
hóember	snowman
Esik a hó.	It's snowing.
olvad	to thaw

World and universe

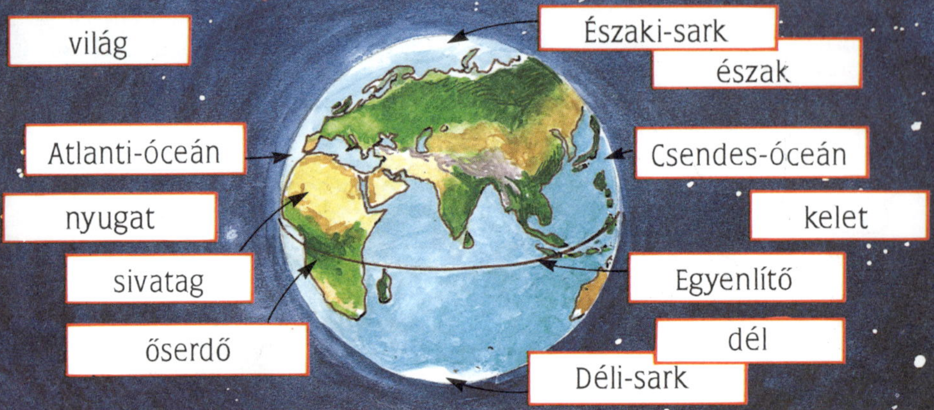

világ	world	**észak**	north
Atlanti-óceán	Atlantic Ocean	**Csendes-óceán**	Pacific Ocean
nyugat	west	**kelet**	east
sivatag	desert	**Egyenlítő**	equator
őserdő	jungle	**dél**	south
Északi-sark	North Pole	**Déli-sark**	South Pole

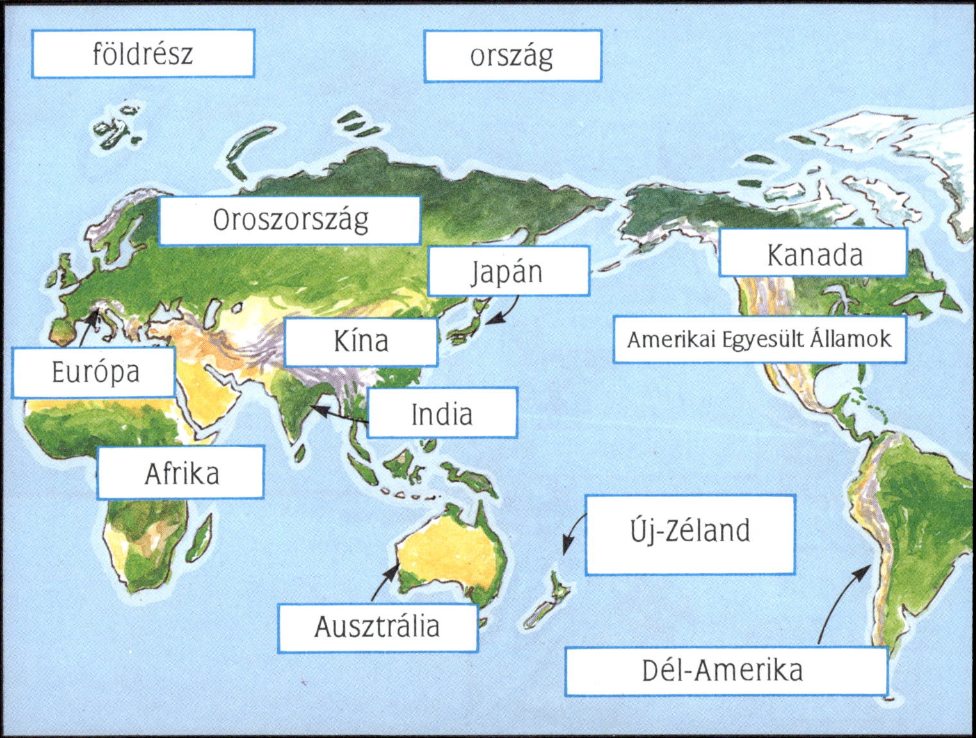

világegyetem	universe
világűr	space
bolygó	planet
csillag	star
űrhajó	spaceship
tejút	galaxy
távcső	telescope

földrész	continent
ország	country
Oroszország	Russia
Európa	Europe
Afrika	Africa
Japán	Japan
Kína	China
India	India
Ausztrália	Australia
Új-Zéland	New Zealand
Kanada	Canada
Amerikai Egyesült Államok	United States
Dél-Amerika	South America

Skandinávia	Scandinavia
Nagy-Britannia	Great Britain
Hollandia	Netherlands
Belgium	Belgium
Németország	Germany
Franciaország	France
Svájc	Switzerland
Olaszország	Italy
Spanyolország	Spain

Politics

elnök	president
országgyűlés	parliament
képviselő	member of parliament
miniszterelnök	prime minister
kormány	government

párt	party
vezető	leader
népszerű	popular
tag	member

választás	election	**centrum**	centre
szavaz	to vote	**jobboldal(i)**	right, right wing
győz	to win	**belép valahová**	to join
veszít	to lose	**tartozik valakihez**	to belong to
baloldal(i)	left, left wing		

média, hírközlés	the media
interjút készít	to interview
fontos	important
érdekes	interesting
újság	newspaper
hírek	news
főcím	headline
cikk	article
igaz	true
hamis	false

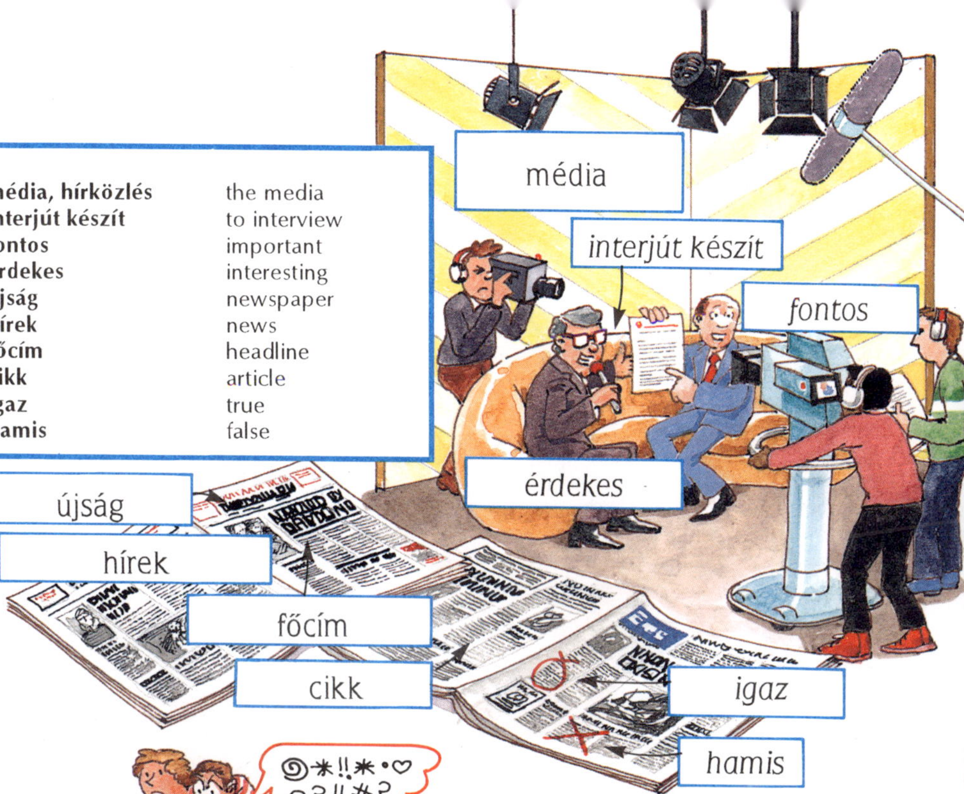

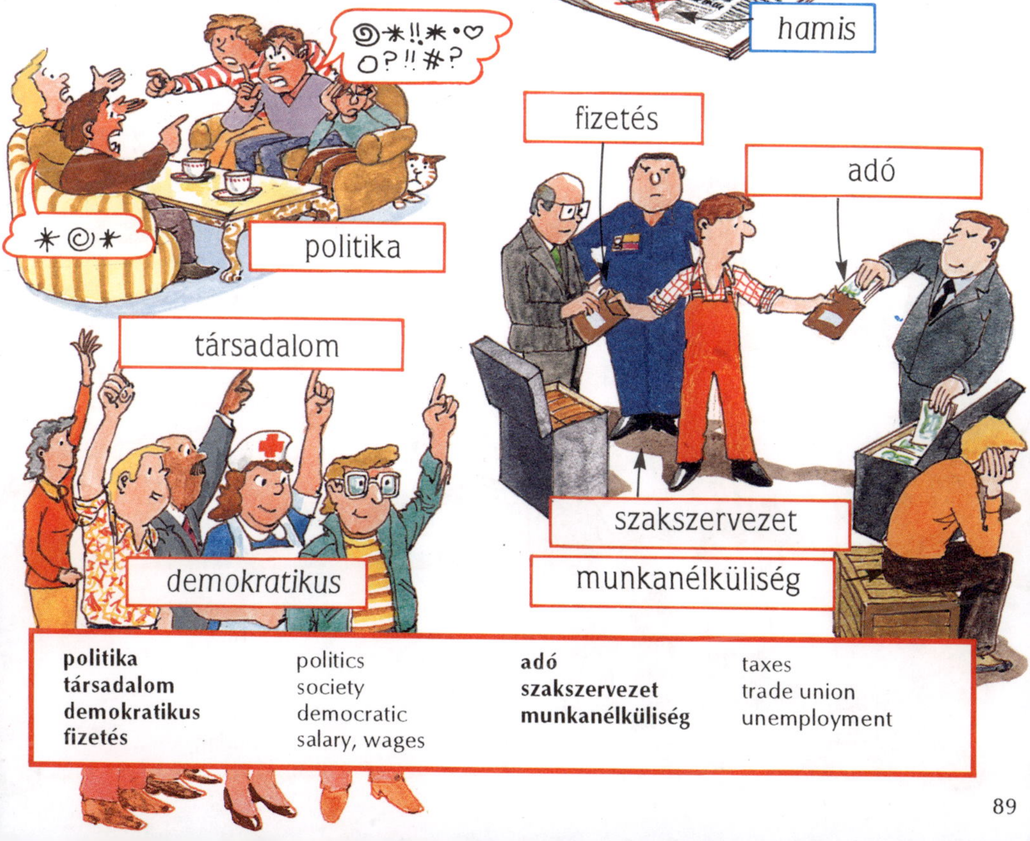

politika	politics	**adó**	taxes
társadalom	society	**szakszervezet**	trade union
demokratikus	democratic	**munkanélküliség**	unemployment
fizetés	salary, wages		

Describing things

hangos	noisy
nyugodt	quiet, calm
szófogadó	obedient
szemtelen	naughty, cheeky
egyforma	same
különböző	different

elfoglalt	busy
hasznos	useful
együtt	together
egyedül	alone
ijedt	frightened
bátor	brave, courageous

gondatlan	careless
gondos	careful, precise
mérges	cross
elégedett vkivel, vmivel	pleased with
élénk	lively
unalmas	boring

tele	full
üres	empty
hosszú	long
rövid	short
kemény	hard
puha	soft

új	new
régi, öreg	old
nyitva van	to be open
zárva van	to be closed
mély	deep
sekély	shallow

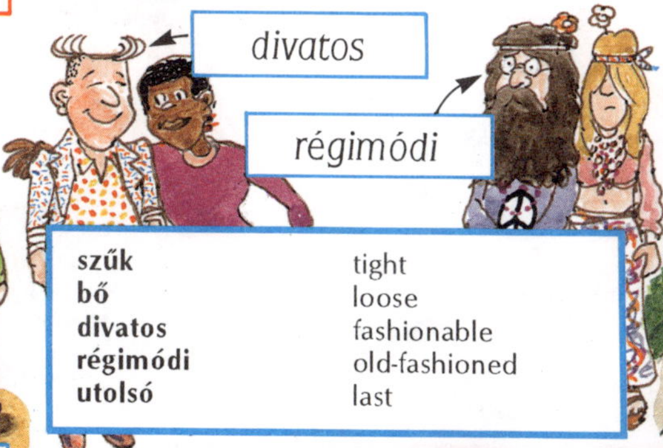

szűk	tight
bő	loose
divatos	fashionable
régimódi	old-fashioned
utolsó	last

műanyag-	made of plastic
fa-	wooden, made of wooden
arany-	made of gold
fém-	made of metal
ezüst-	made of silver

Colours

szín	colour	**élénk**	bright
piros	red	**narancssárga**	orange
rózsaszín	pink	**kék**	blue
halvány	pale	**tengerészkék**	navy blue
fehér	white	**lila**	lilac, purple
fekete	black	**sötét**	dark
szürke	grey	**zöld**	green
tompa	dull	**virágmintás**	flowered
barna	brown	**pöttyös**	spotted
sárga	yellow	**csíkos**	striped

In, on, under...

-ban/-ben, -ba/-be	in	**mögött, mögé**	behind
-on/-en/-ön, -ra/-re	on	**neki- vminek**	against
alatt, alá	under	**át, keresztül**	through
fölött, fölé	over	**felé, -hoz/-hez/-höz**	to, towards
-ba/-be	into	**elől (elfut vmi elől)**	away from
-ból/-ből	out of		(to run away from)
mellett, mellé	beside	**fel-**	up
között, közé	between	**le-**	down
mellett, mellé	near	**szemben, szembe**	opposite
messze vmitől	far away from	**-val/-vel**	with
előtt, elé	in front of	**nélkül**	without

Action words

suttog	to whisper
kiált	to shout
keres	to look for
vár vkire, vmire	to wait for
támaszkodik	to lean on
tart	to hold

visz	to carry	**felvesz**	to pick up
elejt	to drop	**lerak**	to put down

megérint	to touch
kinyit	to open
bezár	to close
önt	to pour
megtölt	to fill
ráz	to shake
kiürít	to empty

elszakít	to tear
megfoltoz	to mend
dob	to throw
elkap	to catch
felborít	to knock over
eltör	to break

húz	to pull	**elfut**	to run away
tol	to push	**követ**	to follow
lop	to steal	**elbújik**	to hide
elcsúszik	to slip		

Grammar hints

KEY TO PRONUNCIATION

Hungarian words are pronounced as they are written, so once you have learnt how to pronounce the letters you will be able to read almost anything. When you pronounce a letter it is called a 'sound'. Sounds are divided into two groups: vowels and consonants. The following lists will help you produce Hungarian sounds.

Vowels

Hungarian letter	How to pronounce it	Example
a	short; similar to o in 'not', but drop your chin	**hat**
á	long; like aa in 'baa' (sheep's bleat)	**hát**
e	short; like e in 'pen'	**fel**
é	long; like a in 'day', without the 'i' in end	**fél**
i	short; similar to i in 'lily', but put your tongue forward	**mi**
í	long; like ee in 'see'	**víz**
o	short; similar to o in 'November' but round your lips	**hol**
ó	long; like aw in 'jaw'	**hó**
ö	short; similar to er in 'her' but round your lips strongly	**öt**
ő	long; variant of **ö**, but make it longer	**őt**
u	short; like oo in 'foot'	**fut**
ú	long; like oe in 'shoe'	**út**
ü	short; no similar sound in English. Say 'i' like in 'fill' with pursed lips and put your tongue forward	**fül**
ű	long; variant of **ü**, but longer	**fű**

Consonants

There are some funny two-letter consonants in Hungarian (and a three-letter one), but these letters stand for one sound.

b	like b in 'bee'
c	like ts in 'puts' but one sound
cs	like ch in 'teacher'
d	like d in 'deep'
dz	like ds in 'heads' but one sound
dzs	like j in 'jazz'
f	like f in 'foot'
g	like g in 'get'
gy	similar to d in 'duke'
h	like h in 'hat'
j	like y in 'yes'
k	like k in 'book'
l	like l in 'love'; never like l in 'milk'
ly	like y in 'yes' (pronounced the same way as **j**)
m	like m in 'mother'
n	like n in 'not'
ny	similar to n in 'new' or gn in 'cognac'
p	like p in 'cheap'
q	like q in 'quit' (only in foreign words)
r	like Scottish r in 'Robert'
s	like sh in 'ship'
sz	like s in 'sea'
t	like t in 'fat'
ty	similar to t in 'tune'
v	like v in 'vinegar'
w	like **v** (only in foreign words)
x	like x in six (only in foreign words)
y	in **ly**, **gy**, **ny**, **ty**: not a separate sound. As a vowel it is pronounced like Hungarian **i**.
z	like z in 'zoo'
zs	like s in 'pleasure'.

Every consonant can be short or long. Length is marked by doubling in writing but in two-letter consonants only the first letter is repeated, e.g. **kettő**, **hosszú**. Long consonants should be pronounced about twice as long as short ones.
Be careful! The stress of each Hungarian word is on the first syllable. Unstressed sounds are pronounced as clearly as stressed ones.

ENDINGS AND VOWEL HARMONY

Hungarian is not similar to English. It belongs to another (the Finno-Ugric) group of languages. Probably the most striking difference is, that Hungarian uses a great variety of endings. Sometimes several endings are attached to a single word, e.g. **ház/am/ban** in my house. Most endings have two forms, e.g. **-ban/-ben**.

When choosing the proper ending think about the vowels of the word. If the word contains any of **a**, **á**, **o**, **ó**, **u**, **ú** (called back vowels) choose the back vowel ending, e.g. **ház** – **házban** or **kávé** – **kávéval**. Words not containing back vowels are front vowel words, so choose the front vowel ending, e.g. **tej** – **tejben**. This is called the rule of vowel harmony.

Another important rule: **a** and **e** always change to **á** and **é** before an ending, e.g. **cica** – **cicák**, **este** – **esték**.

NOUNS

A noun is the name of a person, a thing or some abstract idea, e.g. **lány** girl, **könyv** book, **szeretet** love. Nouns in Hungarian may take different endings.

The plural ending -k

When you are talking about more than one thing or person you use the plural form of the noun. In Hungarian the plural is formed by adding a **-k** to the noun if it ends in a vowel, e.g. **fiú** – **fiúk** boy – boys.
If the word ends in a consonant, there is a linking vowel **o** or **e** before the **-k,** e.g. **virág** – **virágok**, **szék** – **székek**. When choosing the linking vowel, apply vowel harmony. Certain words take **a** or **ö** linking vowels, e.g. **ház** – **házak**, **kör** – **körök**. Other words change their stems, e.g. **ló** – **lovak**, **tó** – **tavak**. You will find these endings after the words in the word list.
Be careful! Do not use the plural after numbers: **három disznó** three pigs, and after the following words: **sok** a lot of, **néhány** some, **kevés** few, **összes** all, e.g. **sok ló** a lot of horses.

The object ending -t

The object of a Hungarian sentence is marked by a **-t,** e.g. **Szeretek egy fiút.** I love a boy. The rules are nearly the same as for the **-k** ending: **könyv** – **könyvet** (front vowel), **virág** – **virágot** (back vowel). Sometimes there is no linking vowel at all, e.g. **lányt.**
The object ending is given in the word list.

Endings in 'place expressions'

In English you use a lot of prepositions, e.g. in, on, to.
There are no prepositions in Hungarian, instead you can use postpositions (see page 98) or attach different endings to the noun.

The most frequently used endings are:

Hol?	Where?	Hová?	Where to?	Honnan?	Where from?
-ban, -ben	in	-ba, -be	to, into	-ból, -ből	from, out of
-n, -on, -ön, -en	on	-ra, -re	on to	-ról, -ről	from
-nál, -nél	at, by	-hoz, -hez, -höz	to	-tól, -től	from

The -val/-vel ending

It is the equivalent of 'with' and sometimes 'by' in English, e.g.
a fiúval with the boy;
tejjel with milk;
autóval by car.
After a consonant the letter **v** of the **-val /-vel** ending changes and becomes the same as the last consonant of the word, e.g. **busz – busszal, ház – házzal**.

The -nak/-nek ending

It is the dative ending, usually unmarked or expressed by 'to' or 'for' in English, e.g. **Adtam Katinak egy békát.** I gave Kati a frog; **Vettem a nővéremnek egy egeret.** I bought my sister a mouse. Or: I bought a mouse for my sister.

Possessive endings

When you want to say 'my car', 'your-car' etc, in Hungarian you will simply use the noun **autó** with the possessive endings. For emphasis you may add the personal pronoun. **Ez az <u>én</u> autóm** – This is <u>my</u> car.

-(o/a/e/ö)m	**autóm**	my car
-(o/a/e/ö)d	**autód**	your car
-(j)a, -(j)e,	**autója**	his/her car
-(u/ü)nk	**autónk**	our car
-tok/-tek/-tök	**autótok**	your car
-(j)uk, -(j)ük,	**autójuk**	their car

The possessive forms can be followed by other endings, e.g. **asztal/om/on** on my table.
The plural possessive is formed with the **-i** ending, which is followed by the possessive endings (except for the third person singular form), e.g. **autóim** my cars; **autóid** your cars; **autói** his/her cars; **autóink** our cars; **autóitok** your cars; **autóik** their cars.

The possessive forms are used to express 'have got':

van székem	I have got a chair
van széked	you have got a chair
van széke	he/she has got a chair
van székünk	we have got a chair
van széketek	you have got a chair
van székük	they have got a chair

You will use the possessive endings in possessive expressions, e.g.
a nő autója the woman's car
a hegy lába the foot of the hill.
The noun takes the same ending as after his/her: **-a, -e, -ja, -je, -i.**
Be careful! In Hungarian the possessor comes first even if it is a thing.

POSTPOSITIONS

Some English prepositions are expressed by postpositions in Hungarian. Postpositions always come after the noun.

Postposition used in 'place expressions':

előtt	in front of	**mögött**	behind
fölött	above, over	**alatt**	under
között	between, among	**után**	after
felé	towards	**körül**	around
mellett	beside, next to		

Postpositions used in 'time expressions':

előtt	before	**óta**	since
után	after	**múlva**	in... time
közben	during	**körül**	(at) about
alatt	in, during	**felé**	(at) about
között	between		

Other postpositions:

miatt	because of	**helyett**	instead of
nélkül	without	**ellen**	against
szerint	according to		

ARTICLES: A, AZ, EGY

'A/an' – the indefinite article – is **egy** in Hungarian. It is not used as often as in English, e.g. **Ez ház** – This is a house.
'The' – the definite article – is **a/az** in Hungarian. Use **a** before words beginning with a consonant: **a kutya**. Use **az** before words beginning with a vowel: **az egér**. **A/az** is used more frequently than 'the' in English, e.g. **Bori a Macska utcában lakik** Bori lives in Cat Street; **A kutyám öreg** My dog is old; **Ez a könyv unalmas** This book is boring.

THIS, THAT, THESE, THOSE

Ez az elefánt kék. This elephant is blue.
Az a vakond kövér. That mole is fat.

In these sentences **ez (az)** and **az (a)** are the equivalents of 'this' and 'that'. **Ez** and **az** may take different endings. Before the ending the **z** usually changes: it becomes the same as the first consonant of the ending, e.g.

ez+ben=ebben	**az+ban=abban**
ez+re=erre	**az+ra=arra**
ez+hez=ehhez	**az+hoz=ahhoz.**

Ez and **az** take the same endings as the noun they precede, e.g. **ezt a pókot** this spider, **azon a széken** on that chair. Remember to use the definite article **a/az** after **ez** and **az**.
The plural forms are **ezek** these and **azok** those. All other endings follow the plural ending **-k**, e.g. **azokban**.

Ez and **az** also mean 'this is' and 'that is', e.g. **Ez elefánt**. This is an elephant. **Az vakond**. That is a mole.

PERSONAL PRONOUNS

The personal pronouns are

én – I	**mi** – we
te – you	**ti** – you
ön, maga (formal you)	**önök, maguk** – you
ő – he/she/it	**ők** – they.

You say **te** to a friend or your parents, and **maga** or **ön** to an adult who does not belong to the family. In Hungarian you usually use the verb without the personal pronoun.
The personal pronouns have different forms, e.g.

	object	-nak/-nek	-ról/-ről	-val/-vel
én	**engem**	**nekem**	**rólam**	**velem**
te	**téged**	**neked**	**rólad**	**veled**
ő	**őt**	**neki**	**róla**	**vele**

mi	**minket**	**nekünk**	**rólunk**	**velünk**
ti	**titeket**	**nektek**	**rólatok**	**veletek**
ők	**őket**	**nekik**	**róluk**	**velük.**

POSSESSIVE PRONOUNS

These pronouns are used when the thing possessed has already been mentioned or is clear from the context., e.g. **Kié ez a ház?** Whose is this house? **Az enyém**. It's mine.

enyém	mine	**miénk**	ours
tiéd	yours	**tiétek**	yours
magáé /öné	yours	**maguké /önöké**	yours
övé	his/hers	**övék**	theirs

The **-é** ending can also be attached to nouns, e.g. **Kié ez a ház? Lauráé**. It's Laura's.

ADJECTIVES

Adjectives describe the characteristics (colour, size etc.) of nouns. Just as in English they are usually used together with nouns and take no endings, e.g. **jó gyerek - jó gyerekek**
good child - good children.
However, after plural nouns Hungarian adjectives take the plural ending **-k**, e.g. **A gyerekek jók.** The children are good. Adjectives ending in **-ú,-ű,-i** take a linking vowel (**a** or **e**) before it, e.g. **szomorúak, jóképűek.**
They take all sorts of endings when there is no noun in the sentence. English uses 'one'/'ones' in such sentences, e.g. **a feketében** in the black one; **a jókkal** with the good ones.

Comparison

When you compare people or things you may use different kinds of sentences.
1. Mary is (not) as tall as you.
Mari (nem) olyan magas, mint te.
2. The comparative
She is taller than her friend.
Magasabb, mint a barátja. or:
Magasabb a barátjánál.
The comparative ending is the **-bb**, and there is a linking vowel before the **-bb** if the adjective ends in a consonant, e.g. **erős** - **erősebb, fiatal** - **fiatalabb.**
3. The superlative
Mary is the tallest. **Mari a legmagasabb**. To get the superlative form attach **leg-** to the comparative. Just as in English, the superlative is preceded by the definite article **a**/**az**.

Irregular forms:
jó, jobb, legjobb;
sok, több, legtöbb;
szép, szebb, legszebb;
kevés, kevesebb, legkevesebb;
kicsi, kisebb, legkisebb;
könnyű, könnyebb, legkönnyebb;
nehéz, nehezebb, legnehezebb;
hosszú, hosszabb, leghosszabb;
bő, bővebb, legbővebb.
Be careful! Names of nationalities are spelt with a small letter, e.g. **magyar** Hungarian, **angol** English.

GYORSAN - QUICKLY

When you add the **-n** ending to the adjective it becomes an adverb. Adverbs answer the question: How?

Hogy? Hogyan?. The Hungarian **-n** ending is very similar to the English '-ly' ending, e.g. **gyors** quick, **gyorsan** quickly.
Adjectives ending in a consonant or **-ú**, **-ű**, **-i** take a linking vowel (**a** or **e**) before the **-n** ending, e.g. **szomorúan** sadly.
There are exceptions to the rules: **jó** good; **jól** well; **rossz** bad; **rosszul** badly; **hosszú** long; **hosszan** for a long time.
Adverbs are used in comparisons very similarly to adjectives. The **-an/-en** ending is added to the comparative or superlative form of the adjective, e.g. **gyorsabban** – more quickly; **leggyorsabban** – most quickly.

VERBS

Verbs are words that express an action or state. Hungarian verbs take different endings. Endings are added to the stem, usually the third person singular (he/she) form and have different meanings, e.g.:
– There are endings to identify who you are talking about (personal endings).
– The ending **-t/-tt** – similarly to English '-ed' – means that the action took place in the past (past tense).
– The ending **-j** expresses an order or request (imperative).
– The ending **-na/-ne** stands for 'would' (conditional).
– The ending **-hat/-het** means permission or possibility like 'may' or 'can'.

The forms of the verb that express the time of the action are called 'tenses'. In Hungarian there are only three tenses: present, past and future.

In all the three tenses there are two sets of endings, called 'indefinite conjugation' and 'definite conjugation'.

The Present

The indefinite conjugation

It is used when there is no object after the verb or the object is indefinite, e.g. **Adok neked egy könyvet.** I give you a book, or **Adok neked könyveket**. I give you (some) books.
Here are the personal endings for the indefinite conjugation. In Hungarian there is no difference between 'I give' and 'I'm giving'.

Indefinite conjugation

	personal endings	example with back vowel	
(én)	**-ok/-ek/-ök**	**adok**	I give
(te)	**-sz/-ol/-el/-öl**	**adsz**	you give
(ő)	–	**ad**	he gives
(mi)	**-unk/-ünk**	**adunk**	we give
(ti)	**-tok/-tek/-tök**	**adtok**	you give
(ők)	**-nak/-nek**	**adnak**	they give

	examples with front vowels		'-ik' verbs*
(én)	**nézek**	**köszönök**	**lakom**
(te)	**nézel**	**köszönsz**	**laksz**
(ő)	**néz**	**köszön**	**lakik**
(mi)	**nézünk**	**köszönünk**	**lakunk**
(ti)	**néztek**	**köszöntök**	**laktok**
(ők)	**néznek**	**köszönnek**	**laknak**

* There is a number of common verbs ending in **-ik** in the 3rd person singular. **-ik** is not part of the stem and is dropped in all other forms.

The personal pronouns are usually omitted, because the ending makes it clear who you are talking about.

Ön and **maga** are always used with the 3rd person singular form, e.g. **maga ad. Önök** and **maguk** are used with the 3rd person plural form, e.g. **maguk adnak**.

Lenni (to be) in the present tense

vagyok	I am	**vagyunk**	we are
vagy	you are	**vagytok**	you are
van	he/she is	**vannak**	they are

In sentences 3rd person forms **van** and **vannak** are often omitted, e.g.
Kati orvos. Kate is a doctor.
A lányok szépek. Girls are beautiful.
Don't omit **van** in sentences answering the questions when? where? and how? e.g. **A macska az asztalon van.** The cat is on the table. (Where?)
A születésnapja novemberben van. His birthday is in November. (When?)
Jól van. She is fine. (How?)

The definite conjugation

There is another set of endings in the present tense. You use it when the verb is followed by a definite object, e.g. **Neked adom ezt a könyvet.** I give you this book. Other clues to the definite conjugation are: the, that, these, those, my, your ... book(s).

Definite conjugation

personal endings	examples with back vowel	front vowels	
om/-em/-öm	**adom**	**nézem**	**köszönöm**
-od/-ed/-öd	**adod**	**nézed**	**köszönöd**
-ja/-i	**adja**	**nézi**	**köszöni**
-juk/-jük	**adjuk**	**nézzük**	**köszönjük**
-játok/-itek	**adjátok**	**nézitek**	**köszönitek**
-ják/-ik	**adják**	**nézik**	**köszönik**

The Past

The ending of the past tense is **-t** or **-tt**. It comes after the stem and is followed by the personal endings of the past tense.

	Indefinite conjugation		Definite conjugation	
(én)	**adtam**	**néztem**	**adtam**	**néztem**
(te)	**adtál**	**néztél**	**adtad**	**nézted**
(ő)	**adott**	**nézett**	**adta**	**nézte**
(mi)	**adtunk**	**néztünk**	**adtuk**	**néztük**
(ti)	**adtatok**	**néztetek**	**adtátok**	**néztétek**
(ők)	**adtak**	**néztek**	**adták**	**nézték**

Lenni (to be) in the past

voltam	I was	**voltunk**	we were
voltál	you were	**voltatok**	you were
volt	he/she was	**voltak**	they were

Volt unlike **van** is never omitted, e.g. **Kati orvos volt.** Kate was a doctor.

The Future

If you want to speak about future events you can use the present forms with time expressions, e.g. **Holnap indulok**. I'm leaving tomorrow. The 'real' future forms are longer, e.g. (**Holnap**) **fogok indulni**. I will leave (tomorrow). The future tense consists of two parts: the present form of the word **fog** and the 'to' form of the verb – called infinitive –, which is formed with the **-ni** ending, e.g. **ad – adni**, **úszik – úszni (-ik** is dropped).

Indefinite conj.	Definite conj.	
fogok adni	**fogom adni**	I will give
fogsz adni	**fogod adni**	you will give
fog adni	**fogja adni**	he/she will give
fogunk adni	**fogjuk adni**	we will give
fogtok adni	**fogjátok adni**	you will give
fognak adni	**fogják adni**	they will give

Lenni (to be) in the future

leszek	I'll be	**leszünk**	we'll be
leszel	you'll be	**lesztek**	you'll be
lesz	he'll be	**lesznek**	they'll be

The imperative

Állj fel! Ne ülj le! Stand up! Don't sit down! - are imperative forms. In English they always refer to 'you'. In Hungarian there are imperative forms for all persons. They are used in requests, orders and other situations. The imperative ending is the **-j**. It is attached to the verb stem and followed by the personal endings of the imperative.

Indefinite conjugation

endings	examples with back vowel	front vowels	
-j-ak/-ek	**adjak**	**nézzek**	**köszönjek**
-j(ál/él)	**adj(ál)**	**nézz(él)**	**köszönj(él)**
-jon/jen/jön	**adjon**	**nézzen**	**köszönjön**
-junk/jünk	**adjunk**	**nézzünk**	**köszönjünk**
-jatok/jetek	**adjatok**	**nézzetek**	**köszönjetek**
-janak/jenek	**adjanak**	**nézzenek**	**köszönjenek**

Definite conjugation

endings	examples with back vowel	front vowels	
-j-am/-em	**adjam**	**kérjem**	**köszönjem**
(-ja/-je)-d	**ad(ja)d**	**kér(je)d**	**köszön(je)d**
-j-a/-e	**adja**	**kérje**	**köszönje**
-j-uk/-ük	**adjuk**	**kérjük**	**köszönjük**
-j-átok/-étek	**adjátok**	**kérjétek**	**köszönjétek**
-j-ák/-ék	**adják**	**kérjék**	**köszönjék**

The **-j** ending causes several changes in pronunciation, e.g. **adj** is pronounced '**aggy**' and **köszönj** is pronounced '**köszönny**'. The **-j** changes in spelling if the stem ends in **-s, -sz, -z -t**, e.g. **olvas+j=olvass; néz+j=nézz.**

The imperative forms are given in the word list.

The conditional

Adnék valamit, ha megtalálnád a szemüvegemet. I'd give you something if you found my glasses.
This is a conditional sentence. Hungarian uses the conditional form of the verb in both halves of the sentence.

Indefinite conjugation

(én)	**-n-ék**	**adnék**	**kérnék**
(te)	**-n-ál/-él**	**adnál**	**kérnél**
(ő)	**-n-a/-e**	**adna**	**kérne**
(mi)	**-n-ánk/-énk**	**adnánk**	**kérnénk**
(ti)	**-n-átok/-étek**	**adnátok**	**kérnétek**
(ők)	**-n-ának/-ének**	**adnának**	**kérnének**

Definite conjugation

(én)	**-n-ám/-ém**	**adnám**	**kérném**
(te)	**-n-ád/-éd**	**adnád**	**kérnéd**
(ő)	**-n-á/-é**	**adná**	**kérné**
(mi)	**-n-ánk/-énk**	**adnánk**	**kérnénk**
(ti)	**-n-átok/-étek**	**adnátok**	**kérnétek**
(ők)	**-n-ák/-ék**	**adnák**	**kérnék**

If you want to say 'I would've given you something if you'd found my glasses' use the past tense of the verb and add the word **volna,** e.g. **Adtam volna valamit, ha megtaláltad volna a szemüvegemet**.

VERBAL PARTICLES

You may be surprised that a lot of verbs start with **be-**, **ki-**, **le-**, **fel-**, **meg-**,

el-, **át-**, **rá-**, **ide-**, **oda-**, **szét-**, **össze-**, **vissza-**. These little words – called verbal particles – do not belong to the verbs. You can add them to the verb and they will slightly or completely change its meaning. Most of them express the direction of the action but **meg-** and sometimes **el-** mean that the action is complete or will be completed soon, e.g. **Megettem**. I've eaten it. **Megeszem**. I'm going to eat it.

Here are some examples of directions:

bemegy	go in(to)	**kimegy**	go out (of)
lemegy	go down	**felmegy**	go up
elmegy	go away	**átmegy**	go across
idemegy	go here	**odamegy**	go there
rámegy	go on	**visszamegy**	go back

QUESTIONS

In Hungarian you can make a question by starting the sentence with a question word:

Ki szereti a sört?	Who likes beer?
Mi újság?	What's the news?
Hol laksz?	Where do you live?
Hova mész?	Where're you going?
Mikor láttad?	When did you see it?
Melyik ló az övé?	Which horse is his?
Milyen a cicád?	What's your cat like?
Hogy vagy?	How are you?
Miért sírsz?	Why are you crying?
Mennyi lesz?	How much is it?
Hány autód van?	How many cars have you got?

Ki and **mi** take the same endings as nouns, e.g. **Kivel?** Who... with?; **Kié?** Whose?; **Kihez?** Who... to?

When there is no question word (in yes–no questions) try to say the sentence with an intonation like this:

Sze-re-ted a bé-ká-kat? Or like this:

Te lány vagy?

Intonation (and body language) are important because questions in Hungarian are not marked by word order, e.g. **Kövér vagyok**. I'm fat.
Kövér vagyok? Am I fat?

Something, nothing

If you attach **vala-** to a question word you get a pronoun with an indefinite meaning, e.g. **valaki** somebody; **valami** something; **valahol** somewhere
Valaki and **valami** take the same endings as nouns. (These pronouns are used in dictionaries to indicate the required endings, e.g. **vigyáz vkire** to keep an eye on sy.)
If you attach **se-/sem-** to a question word you get a pronoun with a negative meaning, e.g. **semmi** nothing; **sehol** nowhere.

NEGATIVE

You can make a negative sentence by inserting the word **nem** (no, not) before the word you want to negate, e.g. **Nem iszom tejet**. I don't drink milk. **Nem tejet iszom, hanem vizet**. I don't drink milk but water.
After **soha** (never) and the words starting with **se-** (**senki**, **semmi**, etc.) use a negative sentence with **nem** or **sem,** e.g. **Senki sem látott**. Nobody saw me.

The negative form of **van** is **nincs**, e.g. **Nincs kutyám**. I haven't got a dog.

WORD ORDER

Word order in Hungarian is rather changeable. The order of words in a sentence depends on what you want to stress.

If you do not want to stress anything in particular, the verb is usually at or near the end of the sentence, e.g.

Laura reggelire megevett hat tojást.
Laura ate six eggs for breakfast.

If you want to stress any of the words just put it before the verb. The verbal particle will come after the verb, e.g.

Laura hat tojást evett meg reggelire.
(six, not seven)

Laura evett meg hat tojást reggelire.
(Laura, not Peter)

Laura reggelire evett meg hat tojást.
(for breakfast, not for dinner)

This kind of word order is usually used in questions, answers and negative sentences.

There are some words that stand between the verbal particle and the infinitive, e.g.

meg	**fogja nézni**	she will see it
	akarja nézni	wants to see it
	kell nézni	has to see it
	tudja nézni	can see it
	lehet nézni	may see it

In negative sentences the verbal particle is not separated, e.g. **nem fogja megnézni**.

Phrase explainer

Throughout the illustrated section of this book, there are useful short phrases and everyday expressions. You may find these easier to remember if you understand the different words that make them up.

This section lists the most important expressions under the page number where they appeared. After reminding you of the meaning it shows you how they break down and gives some information on where and how to use them.*

page 4

- **Szia!** means both hello and bye. The plural form is **sziasztok**. It is used when speaking to children, friends and relatives. Other informal greetings are **szevasz – szevasztok**; **szervusz – szervusztok**.
- **Viszontlátásra!** See you again.

It is a formal farewell. Several people shorten it to **Viszlát**!

- (**Te**) **Hogy vagy?** How are you?

Hogy=How; **vagy?**=are you.
This is the informal version. Use this form when you speak to a child.

- (**Maga**) **Hogy van?** – How are you?

Hogy=How; **van?**=is she.
This is the proper form when you speak to an adult (unless he/she is a member of your family). With **maga** (formal you) always use the third person forms of the verb.

- **Köszönöm, jól.** Very well thank you.

Köszönöm=thanks; **jól**=well.
This is the usual answer to the above question. If you are not really fine you may answer: **Megvagyok.** or **Nem túl jól.** Not too well.

- **kezet fog vkivel** to shake hands with

kezet=hand (with the object ending) **vkivel**=with somebody. **Vkivel** stands for **valakivel** and means that after **kezet fog** the noun takes the **-val**/**-vel** ending, e.g. **kezet fog a fiúval** – to shake hands with the boy.

page 5

- **Hogy hívnak?** What's your name?

Hogy=How; **hívnak?**=are you called.
When answering this question just say your name. You may add **vagyok** = 'I am' to make a sentence: **X.Y. vagyok**. Hungarian people say their surnames first.

- **Hány éves vagy?** How old are you?

Hány=how many; **éves**=years old; **vagy?**=are you. The forms of 'to be' can be found in the Grammar hints.
When answering this question say a number, e.g. **Tíz**=(ten). The full sentence is **Tíz éves vagyok**. I am ten years old.

- **idősebb, mint** older than
- **fiatalabb, mint** younger than

These are comparative forms. You can read more about them in the Grammar hints (p.100).

page 18

- **Vigyázz, a kutya harap**! Beware of the dog.

Vigyázz=be careful, look out (imperative form, see p.103); **a kutya**=the dog; **harap**=bites.

* Literal meanings of Hungarian words are introduced by the sign =.

page 20

• **Jó reggelt (kívánok)**! Good morning!

Jó=good; **reggel**=morning; **kívánok**=I wish. (It is often omitted.) This is a formal greeting, used up to about 10 a.m. Between 10 a.m. and 6 p.m. say **Jó napot kívánok!** nap=day.
After 6 p.m. say **Jó estét kívánok!** when you want to greet an adult. **este**=evening.

page 26

• **Jó étvágyat (kívánok)**! Enjoy your meal.
This is a polite phrase you say to people who are about to eat.
jó=good; **étvágy**=appetite;
kívánok=I wish. (It is often omitted.)

page 43

• **Mennyit fizetek?** How much is that?
mennyi=how much; **fizetek?**=do I pay.

page 50

• **Parkolni tilos**. No parking.
parkolni=to park; **tilos**=(is) prohibited.

page 68

• **Rosszul érzi magát** to feel ill.
• **Jobban érzi magát** to feel better.
rosszul=badly, unwell; **jobban**=better; **érzi**=feels; maga=himself/herself.

page 83

• **Hány óra van?** What time is it?
When answering this question think of the following hour.
• **3/4 10 van.** It's a quarter to 10.
3/4 10=three quarters of 10.
• **1/4 11 van.** It's a quarter past 10.
1/4 11=a quarter of 11.

page 73

• **Sok szerencsét!** Good luck.
sok=a lot of; **szerencse**=luck

page 85

• **Milyen idő van?** What's the weather like?
• **Esik a hó**. It's snowing.
• **Esik az eső**.
esik=is falling; **a hó**=the snow;
az eső=the rain
• **Fúj a szél**. It's windy.
fúj=is blowing; **a szél**=the wind
• **Melegem van**. I'm hot.
meleg=warm; **van**=I've got

English–Hungarian word list

Here you will find the words, phrases and expressions from the illustrated section of the book listed in English alphabetical order.

Hungarian verbs appear in the third person singular (he/she) form. After verbs you can find :
1) The IMPERATIVE ending or form,
2) The INFINITIVE ('to do') ending or form if it is different from the third person singular + **-ni**.
Verbs ending in **-ik** drop the **-ik** before other endings.

After some verbs you will find the ending they require,e.g. **kezet fog vkivel** to shake hands with somebody.
vki=valaki someone,
vmi=valami something

After nouns ending in a consonant the following endings are given:
1) The OBJECT ending
2) The PLURAL ending
3) The POSSESSIVE ending
After nouns ending in a vowel these endings are always 1)**-t** 2)**-k** 3)**-ja/-je**.
Remember that the final **a** and **e** change to **á** and **é** before an ending.

A

to accelerate	**gyorsít (gyorsíts)**
actor	**színész (-t,-ek,-e)**
actress	**színésznő**
to add	**összead (összeadj)**
address	**cím (-et,-ek,-e)**
advertisement	**hirdetés (-t,-ek,-e)**
aeroplane	**repülőgép (-et,-ek,-e)**
Africa	**Afrika**
in the afternoon	**délután (-t,-ok,-ja)**
against	**neki-... -vminek**
age	**kor (-t,-ok,-a)**
I agree, agreed	**Egyetértek.**
air hostess	**légikisasszony(-t,-ok,-a)**
air steward	**légi utaskísérő**
airmail	**légiposta**
airport	**repülőtér (repülőter-et, -ek,-e)**
aisle	**sor (-t,-ok,-a), folyosó**
alarm clock	**ébresztőóra**
alone	**egyedül**
alphabet	**ábécé**
ambulance	**mentőautó**
among	**között**
anchor	**horgony (-t,-ok,-a)**
and	**és, meg**
animal	**állat (-ot,-ok,-a)**
ankle	**boka**
to answer	**válaszol(-j), felel(-j)**
to answer the telephone	**beleszól a telefonba (-j)**
apple	**alma**
apple tree	**almafa**
apricot	**sárgabarack (-ot,-ok,-ja)**
April	**április (-t,-ok,-a)**
architect	**építész (-t,-ek,-e)**
area code (telephone)	**körzetszám (-ot,-ok,-a)**
arm	**kar (-t,-ok,-ja)**
armchair	**fotel (-t,-ek,-e)**
Arrivals	**Érkezés**
art gallery	**képtár (-at,-ak,-a)**
article (in newspapers)	**újságcikk (-et,-ek,-e)**
to ask a question	**kérdez (kérdezz)**
to ask the way	**útbaigazítást kér (kérj)**
to fall asleep	**elalszik (elaludj, elaludni)**
athletics	**atlétika**
Atlantic Ocean	**Atlanti Óceán (-t)**
attic	**padlás (-t,-ok,-a)**
audience	**közönség (-et,-e)**
August	**augusztus (-t, -ok, -a)**
aunt	**nagynéni**
Australia	**Ausztrália**
autumn	**ősz (-t,-ök,-e)**
away from...	**elől**

B

baby	**kisbaba**
back (of body)	**hát (-at,-ak,-a)**
to do back-stroke	**háton úszik**
backwards	**hátra(fele)**
bait	**csalétek (csalétk-et,-ek,-e)**
bakery	**pékség (-et,-ek,-e)**
balcony	**erkély (-t,-ek,-e)**
with balcony	**erkéllyel**
bald	**kopasz**

ball	**labda**
ballet	**balett (-ot,-ok,-ja)**
ballet dancer	**balett-táncos (-t,-ok,-a)**
balloon	**lufi**
banana	**banán (-t,-ok,-ja)**
bandage	**kötés (-t,-ek,-e)**
bank (river)	**part (-ot,-ok,-ja)**
bank	**bank (-ot,-ok,-ja)**
bank manager	**bankigazgató**
to bank money	**pénzt betesz a bankba**
barefoot	**mezítláb**
bargain	**alkalmi vétel**
to bark	**ugat (ugass)**
barn	**csűr (-t, -ök,-je)**
barrier	**sorompó**
basement	**alagsor (-t,-ok,-a)**
basket	**kosár (kosarat, kosarak, kosara)**
bath	**fürdőkád (-at,-ak,-ja)**
to have a bath	**fürdik (fürödj, fürödni)**
to run a bath	**fürdővizet enged**
bathmat	**fürdőszobaszőnyeg**
bathrobe	**fürdőköpeny (-t,-ek,-e)**
bathroom	**fürdőszoba**
with bathroom	**fürdőszobával**
to be	**van (legyél, lenni)**
to be born	**születik (szüless)**
to be fond of	**szeret (szeress)**
to be frozen	**át van fagyva**
to be late	**elkésik (elkéss)**
to be on time	**pontos**
to be seasick	**tengeribeteg**
to be sick	**hányingere van**
beach	**strand (-ot,-ok,-ja)**
at the beach	**a strandon**
beak	**csőr (-t,-ök,-e)**
beans	**bab (-ot,-ok,-ja)**
green beans	**zöldbab**
beard	**szakáll (-t,-ak,-a)**
to have a beard	**szakálla van**
bed	**ágy (-at,-ak,-a)**
to go to bed	**aludni megy**
bedroom	**hálószoba**
bedside table	**éjjeliszekrény (-t,-ek,-e)**
bedside lamp	**olvasólámpa**
bedspread	**ágytakaró**
bedtime	**a lefekvés ideje**
bee	**méh (-et,-ek,-e)**
beer	**sör (-t,-ök,-e)**
beginning	**kezdet (-et,-ek,-e)**
behind	**mögött**
Belgium	**Belgium**
bell	**csengő**
to belong to	**tartozik vkihez (tartozz)**
belt	**öv (-et,-ek,-e)**
safety belt, seatbelt	**biztonsági öv**
bench	**pad (-ot,-ok,-ja)**
beside	**mellett, mellé**
best	**legjobb**
better	**jobb**
to feel better	**jobban érzi magát**
between	**között, közé**
Beware of the dog	**Vigyázz, a kutya harap!**
bicycle	**kerékpár (-t,-ok,-ja)**
big	**nagy**
bill	**számla**
bin	**szemétláda**
biology	**biológia**
bird	**madár (madar-at,-ak,-a)**
birth	**születés (-t,-ek,-e)**
birthday	**születésnap (-ot,-ok,-ja)**
birthday card	**üdvözlőlap (-ot,-ok,-ja)**
biscuit	**teasütemény (-t,-ek,-e)**
bitter	**keserű**
black	**fekete**
blackbird	**feketerigó**
blackboard	**tábla**
block of flats	**emeletes ház (-at,-ak,-a)**
blond	**szőke**
blond hair	**szőke haj**
blouse	**blúz (-t,-ok,-a)**
blue	**kék**
to board (a plane)	**beszáll (beszállj)**
board game	**társasjáték (-ot,-ok,-a)**
boat	**hajó, csónak (-ot,-ok,-ja)**
to travel by boat	**hajóval utazik**
body	**test (-et,-ek,-e)**
bonnet (of car)	**motorháztető**
book	**könyv (-et,-ek,-e)**
picture book	**képeskönyv**
fully booked	**megtelt**
bookshop	**könyvesbolt**
boot (of car)	**csomagtartó**
boots	**csizma**
wellington boots	**gumicsizma**
boring	**unalmas**
to be born	**születik (szüless)**
boss	**főnök (-öt, -ök,-e)**
bottle	**üveg (-et,-ek,-e)**
bouquet	**(virág)csokor (csokrot, csokrok, csokra)**
boutique	**butik (-ot,-ok,-ja)**
bowl	**tál (-at,-ak,-a)**
box-office	**jegypénztár (-t,-ak,-a)**
boy	**fiú (-t,-k, fia)**
bra	**melltartó**
bracelet	**karkötő**
branch	**ág (-at,-ak,-a)**
brave	**bátor**
bread	**kenyér (kenyer-et,-ek,-e)**
break (at school)	**szünet (-et,-ek,-e)**
to break	**tör (törj)**
to break your leg	**eltöri a lábát**
to have a breakdown	**lerobban az autója**
breakfast	**reggeli**
to do breast-stroke	**mellen úszik**
bride	**menyasszony (-t,-ok,-a)**
bridegroom	**vőlegény (-t,-ek,-e)**
bridge	**híd (hidat, hidak, hídja)**
bright (colour)	**élénk**

to bring up	**nevel, felnevel (nevelj)**
broad	**széles**
brooch	**melltű**
brother	**fiútestvér (-t,-ek,-e)**
brown	**barna**
brown hair	**barna haj**
bruise	**zúzódás (-t,-ok,-a)**
brush (for painting)	**ecset (-et,-ek,-e)**
brush (for hair)	**(haj)kefe**
toothbrush	**fogkefe**
to brush your hair	**keféli a haját**
Brussels sprouts	**kelbimbó**
bucket	**vödör (vödr-öt,-ök,-e)**
budgie	**törpepapagáj(-t,-ok,-a)**
buffet car	**étkezőkocsi**
to build	**épít (-s,-eni)**
building	**épület (-et,-ek,-e)**
bulb (plant)	**virághagyma**
bunch of flowers	**virágcsokor**
burn	**égési sérülés (-t,-ek,-e)**
to burst out laughing	**elneveti magát**
bus	**(autó)busz (-t,-ok,-a)**
bus-stop	**buszmegálló**
to take the bus	**autóbuszra száll (-j)**
bush	**bokor (bokr-ot,-ok,-a)**
bustling, busy	**forgalmas**
butcher's	**hentes**
butter	**vaj (-at,-ak,-a)**
buttercup	**boglárka**
butterfly	**pillangó**
button	**gomb (-ot,-ok,-ja)**
to buy	**vesz (vegyél, venni) vásárol (-j)**
by return of post	**postafordultával**

C

cabbage	**káposzta**
cabin (of ship)	**kajüt (-öt,-ök,-je)**
cage	**ketrec (-et,-ek,-e)**
cake	**torta**
cake shop	**cukrászda**
to calculate	**számol (-j)**
calculator	**számológép (-et,-ek,-e)**
calendar	**naptár (-t,-ak,-a)**
calf	**borjú**
camel	**teve**
camera	**fényképezőgép (-et,-ek,-e)**
to camp, to go camping	**sátorozik (sátorozz)**
campsite	**kemping (-et,-ek,-je)**
Can I help you?	**Segíthetek?**
Canada	**Kanada**
candle	**gyertya**
canoe	**kenu**
cap	**sapka**
capital letter	**nagybetű**
to capsize	**felborul (-j)**
captain	**kapitány (-t,-ok,-a)**
car	**autó**
car-park	**parkoló**
caravan	**lakókocsi**
card	**kártya**
credit card	**hitelkártya**
postcard	**képeslap, levelezőlap**
to play cards	**kártyázik (kártyázz)**
cardigan	**kardigán (-t,-ok,-ja)**
careful, precise	**gondos, precíz**
careless	**gondatlan**
caretaker	**házfelügyelő**
cargo	**rakomány (-t,-ok,-a)**
carpet, rug	**szőnyeg (-et,-ek,-e)**
fitted carpet	**padlószőnyeg**
carriage	**(vasúti) kocsi**
carrier-bag	**szatyor (szatyr-ot,-ok,-a)**
to carry	**visz (vigyél, vinni), cipel(-j)**
carrot	**sárgarépa**
cashier	**pénztáros (-t,-ok,-a)**
cassette	**kazetta**
cassette recorder	**kazettás magnó**
casualty departement	**baleseti sebészet (-et,-e)**
cat	**macska, cica**
to catch	**elkap (-j), megfog (-j)**
to catch a fish	**halat fog**
to catch the train	**eléri a vonatot**
cathedral	**székesegyház (-at,-ak,-a)**
cauliflower	**karfiol (-t,-ok,-ja)**
to celebrate	**ünnepel (-j)**
cellar	**pince**
cello	**cselló, gordonka**
to play the cello	**csellózik (csellózz, csellózni)**
cemetery	**temető**
centimetre	**centiméter (-t,-ek,-e)**
centre (in politics)	**centrum (-ot,-ok,-a)**
chair	**szék (-et,-ek,-e)**
chairlift	**sífelvonó**
chalk	**kréta**
change (money)	**aprópénz (-t,-e)**
Have you any small change?	**Van aprója?**
to change money	**pénzt vált (válts, váltani)**
channel (TV, radio)	**csatorna**
to chase	**kerget (kergess)**
to chat	**beszélget (beszélgess)**
check-in	**utasfelvétel (-t)**
cheek	**orca**
cheerful	**vidám**
cheese	**sajt (-ot,-ok,-ja)**
checkout	**pénztár (-t,-ak,-a)**
chemist (shop)	**gyógyszertár (-at,-ak,-a)**
chemistry	**kémia**
cheque	**csekk (-et,-ek,-e)**
to write a cheque	**kiállít egy csekket**
cheque-book	**csekkfüzet (-et,-ek,-e)**
cherry	**cseresznye**
to play chess	**sakkozik (sakkozz)**
chest	**mell (-et,-e), mellkas (-t,-a)**
chicken	**csirke**
child	**gyerek (-et,-ek,-e)**

childhood	**gyer(m)ekkor** (-t,-a)
chimney	**kémény**(-t,-ek,-e)
chin	**áll** (-at,-ak,-a)
China	**Kína**
chocolate	**csokoládé, csoki**
choir	**kórus** (-t,-ok,-a)
Christmas	**karácsony** (-t,-ok,-a)
Christmas Day	**karácsony első napja**
Christmas carol	**karácsonyi dal** (-t,-ok,-a)
Happy Christmas!	**Boldog karácsonyt!**
Christmas Eve	**szenteste**
Christmas tree	**karácsonyfa**
chrysanthemum	**krizantém** (-ot,-ok,-ja)
church	**templom** (-ot,-ok,-a)
cinema	**mozi**
to go to the cinema	**moziba megy**
circle	**kör** (-t,-ök,-e)
city	**1. nagyváros** (-t,-ok,-a) **2. belváros** (-t,-a)
to clap	**tapsol** (-j)
classroom	**osztályterem** (osztály-term-et,-ek,-e)
claw	**karom** (karm-ot,-ok,-a)
clean	**tiszta**
to clean your teeth	**fogat mos** (moss)
climate	**éghajlat** (-ot,-a)
to climb	**mászik** (mássz)
to climb (mountain)	**hegyet mászik**
to climb a tree	**fára mászik**
climber	**hegymászó**
cloakroom	**öltöző**
clock	**óra**
to close	**bezár** (-j), **becsuk** (-j)
to be closed	**zárva van**
clothing	**ruházat** (-ot,-a)
clothes	**ruha, ruházat**
clothes peg	**ruhacsipesz** (-t,-ek,-e)
cloud	**felhő**
coach	**távolsági busz** (-t,-ok,-a)
coat	**kabát** (-ot,-ok,-ja)
cock	**kakas** (-t,-ok,-a)
coffee	**kávé**
coffee-pot	**kávéskanna**
coin	**pénzérme, fémpénz**
cold	**hideg**
cold water	**hideg víz** (-et,-e)
to have a cold	**náthás, meg van fázva**
to collect	**gyűjt** (gyűjts, gyűjteni)
to collect stamps	**bélyeget gyűjt**
collection	**gyűjtemény** (-t,-ek,-e)
collection times (post)	**kiürítés ideje**
collision	**ütközés** (-t,-ek,-e)
colour	**szín** (-t,-ek,-e)
comb	**fésű**
to comb your hair	**fésülködik** (fésülködj)
comic (book)	**képregény** (-t,-ek,-e)
complexion	**arcszín** (-t,-e)
computer	**számítógép** (-et,-ek,-e)
computer studies	**számítástechnika**
conductor (orchestra)	**karmester** (-t,-ek,-e)
cone	**kúp** (-ot,-ok,-ja)
to congratulate	**gratulál** (-j)
continent	**földrész** (-t,-ek,-e)
to cook	**főz** (főzz)
corner	**sarok** (sark-ot,-ok,-a)
to cost	**kerül** ...-ba/-be (-j)
costume	**jelmez** (-t,-ek,-e)
cot	**gyerekágy** (-at,-ak,-a)
cottage	**vidéki ház** (-at,-ak,-a)
cotton, made of cotton	**pamut**
counter	**pult** (-ot,-ok,-ja)
country	**ország** (-ot,-ok,-a)
countryside	**vidék** (-et,-ek,-e)
cousin	**unokatestvér** (-t,-ek,-e) (**unokanővér/-fivér**)
cow	**tehén** (tehen-et,-ek,-e)
cowshed	**tehénistálló**
crab	**rák** (-ot,-ot,-ja)
to crawl, to do the crawl	**gyorsúszik**
crayon	**színes ceruza**
cream	**tejszín** (-t,-je)
cream cake	**habostorta**
crew	**személyzet** (-et,-e)
cross, angry	**mérges**
to cross the street	**átmegy az úttesten**
crossing (sea)	**átkelés** (-t,-ek,-e)
crowd	**tömeg** (-et,-ek,-e)
to cry	**sír** (-j)
cup	**csésze**
cupboard	(**konyha**)**szekrény** (t,-ek,-e)
to cure	(**meg**)**gyógyít** (-s,-ani)
curly	**göndör**
curly hair	**göndör haj**
curtain	**függöny** (-t,-ök,-e)
customer	**vásárló, vevő**
customs	**vám** (-ot,-ok,-ja)
customs officer	**vámtiszt** (-et,-ek,-je)
cut (wound)	**seb** (-et,-ek,-e)

D

daffodil	**nárcisz**(-t,-ok,-a)
to dance	**táncol** (-j)
dance floor	**táncparkett** (-et,-ek,-je)
dark	**sötét**
dark (complexion)	**barna**
date	**dátum** (-ot,-ok,-a)
daughter	**lánya**
dawn	**hajnal** (-t,-ok,-a)
day	**nap** (-ot,-ok,-ja)
daytime, in the daytime	**nappal**
the day after tomorrow	**holnapután**
the day before yesterday	**tegnapelőtt**
Dear...,	**Kedves ...!**
Dear Sir/Madam,	**Kedves Uram/Hölgyem!**
death	**halál** (-t,-ok,-a)
December	**december** (-t,-ek,-e)
deck	**fedélzet** (-et,-ek,-e)
deep	**mély**
delicatessen	**csemegeüzlet** (-et,-ek,-e)

delicious	**finom**
to deliver	**kézbesít (-s,-eni)**
democratic	**demokratikus**
dentist	**fogorvos (-t,-ok,-a)**
department (in shop)	**osztály (-t,-ok,-a)**
department store	**áruház (-at,-ak,-a)**
Departures	**Indulás**
desert	**sivatag (-ot,-ok,-ja)**
designer	**formatervező**
dessert, pudding	**édesség (-et,-ek,-e)**
to dial	**tárcsáz (tárcsázz)**
diary	**napló**
to die	**meghal (-j)**
different	**különböző**
difficult	**nehéz**
to dig	**ás (áss)**
dining room	**ebédlő**
dinner	**ebéd (-et,-ek,-je), vacsora**
dirty	**piszkos**
disc-jockey	**lemezlovas (-t,-ok,-a)**
district	**kerület (-et,-ek,-e)**
to dive	**fejest ugrik (ugorj, ugrani)**
to divide	**oszt (ossz, osztani)**
divided by (maths)	**osztva**
diving board	**ugródeszka**
to do	**csinál (-j)**
to do back-stroke	**háton úszik**
to do breast-stroke	**mellen úszik**
to do the gardening	**kertészkedik**
to do the shopping	**(be)vásárol (-j)**
docks	**dokk (-ot,-ok,-ja)**
doctor	**orvos (-t,-ok,-a)**
dog	**kutya**
do-it-yourself	**barkácsolás (-t,-a)**
donkey	**szamár (szamar-at,-ak,-a)**
door	**ajtó**
front door	**bejárati ajtó**
doorbell	**csengő**
doormat	**lábtörlő**
double room	**kétágyas szoba**
doughnut	**fánk (-ot,-ok,-ja)**
down	**le**
downstairs	**lent**
to go downstairs	**lemegy (lemenj, lemenni)**
dragonfly	**szitakötő**
to play draughts	**dámát játszik**
to dream	**álmodik (álmodj)**
dress	**ruha**
to get dressed	**(fel)öltözik (öltözz, öltözni)**
dressing gown	**köntös (-t,-ök,-e)**
to drink	**iszik (igyál, inni)**
to drive	**vezet (vezess)**
driver	**vezető, sofőr (-t,-ök,-je)**
to drop	**(el)ejt (ejts, ejteni)**
drum	**dob (-ot,-ok,-ja)**
to play the drums	**dobol (-j)**
to dry	**szárít (-s,-ani)**
to dry your hair	**hajat szárít (-s,-ani)**
to dry yourself	**törülközik (törülközz)**
duck	**kacsa**
dull (colour)	**tompa**
dungarees	**kertésznadrág (-ot,-ok,-ja)**
dustman	**szemetes (-t,-ek,-e)**
duty-free shop	**vámmentes bolt**
duvet	**paplan (-t,-ok,-ja)**

E

eagle	**sas (-t,-ok,-a)**
ear	**fül (-et,-ek,-e)**
earring	**fülbevaló**
east	**kelet**
Easter	**húsvét (-ot,-ok,-ja)**
easy	**könnyű**
to eat	**eszik (egyél, enni)**
to have eaten well	**jóllakott**
egg	**tojás (-t,-ok,-a)**
eight	**nyolc**
8 in the morning, 8 a.m.	**reggel nyolc**
8 in the evening, 8 p.m.	**este nyolc**
eighteen	**tizennyolc**
eighty	**nyolcvan**
elbow	**könyök (-öt,-ök,-e)**
elderly	**idős**
election	**választás (-t,-ok,-a)**
electricity	**áram (-ot,-a)**
elephant	**elefánt (-ot,-ok,-ja)**
eleven	**tizenegy**
emergency	**vészhelyzet (-et,-ek,-e)**
emergency call	**segélyhívás (-t,-ok,-a)**
to employ someone	**alkalmaz vkit (-z)**
employee	**alkalmazott (-at,-ak,-ja)**
empty	**üres**
to empty	**(ki)ürít (-s,-eni)**
Encore!	**Vissza!**
to get engaged	**eljegyzi magát**
engine (of car)	**motor (-t,-ok,-ja)**
engine (train)	**mozdony (-t,-ok,-a)**
English	**angol**
Enjoy your meal!	**Jó étvágyat!**
to enjoy yourself	**jól érzi magát**
enormous	**hatalmas**
entrance	**bejárat (-ot,-ok,-a)**
no entry (road sign)	**behajtani tilos**
envelope	**boríték (-ot,-ok,-a)**
equator	**Egyenlítő**
escalator	**mozgólépcső**
Europe	**Európa**
evening, in the evening	**este**
this evening	**ma este**
exam	**vizsga**
to fail (an exam)	**megbukik a vizsgán**
to pass an exam	**átmegy a vizsgán**
to sit an exam	**vizsgázik (vizsgázz)**
exchange rate	**árfolyam (-ot,-ok,-a)**
to exercise	**edz (eddz, edzeni)**
exercise-book	**füzet (-et,-ek,-e)**
exhibition	**kiállítás (-t,-ok,-a)**
exit	**kijárat (-ot,-ok,-a)**
expensive	**drága**

eye	**szem (-et,-ek,-e)**

F

fabric	**ruhaanyag (-ot,-ok,-a)**
face	**arc (-ot,-ok,-a)**
factory	**gyár (-at,-ak,-a)**
to fail (an exam)	**megbukik (megbukj, megbukni)**
to faint	**elájul (-j)**
fair (complexion)	**fehér, világos (bőr)**
to fall asleep	**elalszik (elaludj, elaludni)**
false	**hamis**
family	**család (-ot,-ok,-ja)**
famous	**híres**
far	**messze, távol**
far away from	**messze vmitől**
fare	**viteldíj (-at,-ak,-a)**
farm	**gazdaság (-ot,-ok,-a)**
farmer	**gazda, gazdálkodó**
farmer's wife	**gazdasszony (-t,-ok,-a)**
farmhouse	**parasztház (-at,-ak,-a)**
farmyard	**udvar (-t,-ok,-a)**
fashionable	**divatos**
fast	**gyors**
Fasten your seatbelts, please.	**Kapcsolják be a biztonsági öveket!**
fat	**kövér**
father	**apa**
feather	**toll (-at,-ak,-a)**
February	**február (-t,-ok,-ja)**
to feed	**etet (etess)**
to feel better	**jobban érzi magát**
to feel ill	**rosszul érzi magát**
ferry	**komp (-ot,-ok,-ja)**
to fetch	**hoz (hozz)**
field	**mező**
fifteen	**tizenöt**
the fifth (for dates only)	**ötödike**
to fill	**(meg)tölt (tölts, tölteni)**
to fill up with petrol	**tankol (-j)**
to have a filling (in a tooth)	**betömik a fogát**
film	**film (-et,-ek,-je)**
It's fine.	**Szép idő van.**
finger	**ujj (-at,-ak,-a)**
fire	**tűz (tüzet, tüzek, tüze)**
fire engine	**tűzoltóautó**
to fire someone	**elbocsát (elbocsáss, elbocsátani)**
fire station	**tűzoltóság (-ot,-a)**
the first (for dates only)	**elseje**
first class	**első osztály**
first floor	**első emelet**
first name	**keresztnév**
fir tree	**fenyőfa**
fish	**hal (-at,-ak,-a)**
to go fishing	**horgászik (horgássz)**
fishing boat	**halászbárka**
fishing rod	**horgászbot (-ot,-ok,-ja)**
fishmonger	**halasbolt (-ot,-ok,-ja)**
to be fit	**edzett**
fitted carpet	**padlószőnyeg (-et,-ek,-e)**
five	**öt**
five past ten	**öt perccel múlt tíz**
flag	**zászló**
flannel	**mosdókesztyű**
flat	**lakás (-t,-ok,-a)**
block of flats	**emeletes ház**
flat tyre	**defekt (-et,-ek,-je)**
flavour, taste	**íz (-t,-ek,-e)**
float	**mentőmellény (-t,-ek,-e)**
flock (of sheep)	**nyáj (-at,-ak,-a)**
flood	**árvíz (árviz-et,-ek,-e)**
floor	**emelet (-et,-ek,-e)**
first floor	**első emelet**
ground floor	**földszint (-et,-je)**
second floor	**második emelet**
florist	**virágbolt (-ot,-ok,-ja)**
flour	**liszt (-et,-ek,-je)**
flower	**virág (-ot,-ok,-ja)**
bunch of flowers	**virágcsokor (-csokrot -csokrok, -csokra)**
flowerbed	**virágágyás (-t,-ok,-a)**
flowered	**virágmintás**
fly	**légy (legy-et,-ek,-e)**
to fly	**repül (-j)**
fog	**köd (-öt,-je)**
to follow	**követ (kövess)**
to be fond of	**szeret (szeress)**
foot	**lábfej (-et,-ek,-e)**
football (ball)	**focilabda**
to play football	**focizik (focizz)**
forget-me-not	**nefelejcs (et,-ek,-e)**
fork (table)	**villa**
fork (for gardening)	**vasvilla**
form (post)	**űrlap (-ot,-ok,-ja)**
forty	**negyven**
forwards	**előre**
foundation cream	**alapozókrém (-et,-ek,-je)**
four	**négy**
the fourth (for dates only)	**negyedike**
fourteen	**tizennégy**
fox	**róka**
fraction	**törtszám (-ot,-ok,-a)**
France	**Franciaország (-ot,-a)**
freckle	**szeplő**
fresh	**friss**
Friday	**péntek (-et,-ek,-e)**
fridge	**hűtőszekrény (-t,-ek,-e)**
friend	**barát (-ot,-ok,-ja), barátnő**
friendly	**barátságos**
frightened	**ijedt**
fringe	**frufru**
frog	**béka**
frost	**fagy (-ot,-ok,-a)**
to frown	**ráncolja a homlokát**
frozen food	**mirelitáru**
to be frozen	**át van fagyva**
fruit	**gyümölcs (-öt,-ök,-e)**
fruit juice	**gyümölcslé (-lev-et,-ek,-e)**

fruit tart	**gyümölcskosár (-kosar-at,-ak,-a)**
full	**tele**
full stop	**pont**
fully booked	**megtelt**
to have fun	**jól mulat**
funeral	**temetés**
funnel (ship)	**kémény (hajóé)**
funny	**mókás, mulatságos**
fur	**bunda**
furniture	**bútor (-t,-ok,-a)**
future	**jövő**
in the future	**a jövőben, majd**

G

galaxy	**tejút (tejut-at,-útja)**
game	**játék (-ot,-ok,-ja)**
gangway	**hajópalló**
garage	**garázs (-t,-ok,-a)**
garden	**kert (-et,-ek,-je)**
garden shed	**fészer (-t,-ek,-e)**
gardener	**kertész (-t,-ek,-e)**
to do the gardening	**kertészkedik (-j)**
garlic	**fokhagyma**
gas	**gáz (-t,-ok,-a)**
gate	**kapu**
to gather speed	**gyorsít (-s,-ani)**
generous	**nagylelkű**
geography	**földrajz**
geranium	**muskátli**
German	**német**
Germany	**Németország**
to get dressed	**felöltözik (felöltözz)**
to get engaged	**eljegyzi magát**
to get married	**összeházasodik (-j)**
to get off (bus or train)	**leszáll valamiről (-j)**
to get on (bus or train)	**felszáll valamire (-j)**
to get undressed	**levetkőzik (levetkőzz)**
to get up	**felkel (-j)**
giraffe	**zsiráf (-ot,-ok,-ja)**
girl	**lány (-t,-ok,-a)**
to give	**ad (-j)**
to give a present	**ajándékot ad**
glass (drinking)	**pohár (pohar-at,-ak,-a)**
glasses, spectacle	**szemüveg (-et,-ek,-e)**
sunglasses	**napszemüveg**
to wear glasses	**szemüveget visel**
gloves	**kesztyű**
to go	**megy (menj, menni)**
to go to bed	**aludni megy**
to go to the cinema	**moziba megy**
to go to a discothéque	**diszkóba megy**
to go downstairs	**lemegy**
to go fishing	**horgászik**
to go on holiday	**nyaralni megy**
to go mountaineering	**hegyet mászik**
to go upstairs	**felmegy**
to go for a walk	**sétálni megy**
to go window-shopping	**kirakatot nézeget**
to go to work	**munkába megy**
goal	**gól (-t,-ok,-ja)**
goalkeeper	**kapus (-t,-ok,-a)**
goat	**kecske**
gold	**arany (-at,-ak,-a)**
made of gold	**arany-**
goldfish	**aranyhal (-at,-ak,-a)**
golf club	**golfütő**
to play golf	**golfozik (golfozz)**
good	**jó**
Good luck!	**Sok szerencsét!**
Good morning!	**Jó reggelt!**
Goodbye!	**Viszontlátásra!**
Goodbye! (telephone)	**Viszonthallásra!**
Good night!	**Jó éjszakát!**
goods train	**tehervonat (-ot,-ok,-a)**
goose	**liba**
gorilla	**gorilla**
government	**kormány (-t,-ok,-a)**
grammar	**nyelvtan (-t,-a)**
granddaughter	**(lány)unoka**
grandmother	**nagymama**
grandfather	**nagyapa**
grandson	**(fiú)unoka**
grape	**szőlő**
grass	**fű**
Great Britain	**Nagy-Britannia**
green	**zöld**
greenhouse	**melegház, üvegház**
grey	**szürke**
grocery shop	**élelmiszerüzlet (-et,ek,-e)**
ground floor	**földszint (-et,-je)**
to growl	**morog (-j)**
guard (train)	**kalauz (-t,-ok,-a)**
guest	**vendég (-et,-ek,-e)**
guest house	**panzió**
guinea pig	**tengerimalac (-ot,-ok,-a)**
guitar	**gitár (-t,-ok,-ja)**
to play the guitar	**gitározik (gitározz)**
gymnastics	**torna**

H

haberdasher	**rövidáru-üzlet (-et,-ek,-e)**
to hail a taxi	**taxit fog**
hair	**haj (-at,-a)**
hairdresser	**fodrász (-t,-ok,-a)**
hairdrier	**hajszárító**
half	**fél**
half a kilo	**fél kiló**
half a litre	**fél liter**
half past ten	**fél tizenegy**
ham	**sonka**
hammer	**kalapács (-ot,-ok,-a)**
hamster	**hörcsög (-öt,-ök,-e)**
hand	**kéz (kez-et,-ek,-e)**
handbag	**kézitáska**
hand luggage	**kézipoggyász (-t,-a)**
handsome	**jóképű**

to hang on	**kapaszkodik (-j)**
to hang up (telephone)	**leteszi a kagylót**
happy	**boldog**
to be happy	**örül (-j)**
Happy birthday!	**Boldog születésnapot!**
Happy New Year!	**Boldog új évet!**
hard	**kemény**
hardworking	**szorgalmas**
to harvest	**arat (arass)**
hat	**kalap (-ot,-ok,-ja)**
Have you any small change?	**Van aprója?**
to have	**van vmije**
to have a bath	**fürdik (fürödj, fürödni)**
to have a breakdown	**lerobban az autója**
to have a cold	**náthás, meg van fázva**
to have (blond) hair	**(szőke) haja van.**
to have a filling	**betömik a fogát**
to have a flat tyre	**defektes a gumija**
to have fun	**jól mulat (mulass)**
to have a headache	**fáj a feje**
to have a shower	**zuhanyozik (zuhanyozz)**
to have stomach-ache	**fáj a hasa/ fáj a gyomra**
to have a temperature	**lázas**
to have toothache	**fáj a foga**
hay	**széna**
haystack	**szénakazal (kazl-at,-ak,-a)**
head	**fej (-et,-ek,-e)**
headband	**hajpánt, fejpánt (-ot,-ok,-ja)**
headlight	**fényszóró**
headline	**főcím (-et,-ek,-e)**
headmaster	**(iskola)igazgató**
headmistress	**igazgatónő**
headphones	**fülhallgató, fejhallgató**
healthy	**egészséges**
heavy	**nehéz**
hedgehog	**sündisznó**
heel	**sarok (sarkat, sarkak, sarka)**
height	**magasság (-ot,-ok,-a)**
Hello!	**Szia! Sziasztok!**
Hello (on telephone)	**halló**
to help	**segít (-s,-eni)**
Help yourselves!	**Vegyetek!**
Can I help you?	**Segíthetek?**
hen	**tyúk (-ot,-ok,-ja)**
henhouse	**tyúkól (-at,-ak,-ja)**
herb	**fűszernövény (-t,-ek,-e)**
hero	**hős (-t,-ök,-e)**
heroine	**hősnő**
to hide	**elbújik (elbújj)**
hill	**hegy (-et,-ek,-e), domb (-ot,-ok,-ja)**
hippopotamus	**víziló**
His/her name is...	**Ő...**
history	**történelem (történelmet, történelme)**
hold (ship)	**rakodótér (-ter-et,-ek,-e)**
to hold	**tart (-s,-ani)**
holiday	**nyaralás (-t,-ok,-a)**
to go on holiday	**nyaralni megy**
hook (for fishing)	**horog (horg-ot,-ok,-a)**
honey	**méz (-et,-ek,-e)**
honeymoon	**nászút (nászut-at,-ak,-ja)**
horn	**duda**
horse	**ló (lov-at,-ak,-a)**
horse racing	**lóverseny (-t,-ek,-e)**
hospital	**kórház (-at,-ak,-a)**
hot	**meleg, forró**
hot water	**meleg víz**
I'm hot.	**Melegem van.**
hotel	**szálloda**
to stay in a hotel	**szállodában lakik**
hour	**óra**
house	**ház (-at,-ak,-a)**
How are you?	**Hogy vagy/van?**
How much...	**Mennyi...?**
How much is that?	**Mennyit fizetek?**
How old are you?	**Hány éves vagy?**
hump	**púp (-ot,-ok,-ja)**
hundred	**száz**
Hungarian	**magyar**
Hungary	**Magyarország**
to be hungry	**éhes**
to hurry	**siet (siess)**
husband	**férj (-et,-ek,-e)**

I

I agree.	**Egyetértek.**
I am sending... separately.	**Külön küldöm a ...-t.**
I'll call you back.	**Visszahívlak.**
I would like...	**szeretnék, kérek**
I'm at home.	**Itthon vagyok.**
I'm nineteen.	**Tizenkilenc éves vagyok.**
ice-cream	**fagylalt (-ot,-ok,-ja)**
icicle	**jégcsap (-ot,-ok,-ja)**
ill	**beteg**
to feel ill	**rosszul érzi magát**
important	**fontos**
in (for sport)	**bent volt**
in	**-ban/-ben, ba/-be**
in focus	**éles**
in front of	**előtt, elé**
in the future	**a jövőben, majd**
India	**India**
indicator	**irányjelző**
ingredient	**alapanyag (-ot,-ok,-a)**
injection	**injekció**
instrument	**hangszer (-t, ek,-e)**
inter-city train	**gyorsvonat (-ot,-ok,-a)**
interesting	**érdekes**
to interview	**interjút készít (-s,-eni)**
into	**-ba/-be**
to introduce	**bemutat (bemutass)**
to invite	**meghív (-j)**
to iron	**vasal (-j)**
Is it far to?	**Messze van a...?**
Is service included?	**Felszolgálási díjjal együtt?**
It costs...	**...-be kerül.**
It is dark.	**Sötét van.**

It is getting dark.	**Sötétedik.**
It is getting light.	**Virrad.**
It is light.	**Világos van.**
It is 10 o'clock.	**Tíz óra van.**
It is 3 o'clock.	**Három óra van.**
It's... (on the phone)	**...vagyok.**
It's cold.	**Hideg van.**
It's expensive.	**Drága.**
It's fine.	**Szép idő van.**
It's foggy.	**Köd van.**
It's good value.	**Olcsó.**
It's raining.	**Esik az eső.**
It's ready.	**Kész(en) van (az étel).**
It's snowing.	**Esik a hó.**
It tastes good.	**Jóízű.**
It's windy.	**Fúj a szél.**
It was lovely to hear from you.	**Nagyon örültem a levelednek.**
Italy	**Olaszország (-ot,-a)**

J

jacket	**dzseki**
jam	**lekvár (-t,-ok,-ja), dzsem**
January	**január (-t,-ok,-ja)**
Japan	**Japán (-t,-ja)**
jeans	**farmer (-t,-ek,-e)**
jewellery	**ékszer (t,-ek,-e)**
job, profession	**foglalkozás (-t,-ok,-a)**
to jog	**kocog (-j)**
to join	**belép vhová (-j)**
journalist	**újságíró**
judge	**bíró**
juice	**lé**
fruit juice	**gyümölcslé**
jug	**kancsó**
July	**július (-t,-ok,-a)**
jumper	**pulóver (-t,-ek,-e)**
June	**június (-t,-ok,-a)**
jungle	**őserdő, dzsungel (t,-ek,-e)**

K

kangaroo	**kenguru**
to keep an eye on	**vigyáz vkire (vigyázz)**
kennel	**kutyaól (-at,-ak,-ja)**
key	**kulcs (-ot,-ok,-a)**
keyboard	**billentyűzet (-et,-ek,-e)**
kilo	**kiló**
a kilo of...	**egy kiló**
half a kilo of...	**fél kiló**
to kiss	**puszit ad (-j), megcsókol (-j)**
kitchen	**konyha**
kitten	**kiscica**
knee	**térd (-et,-ek,-e)**
to kneel down	**letérdel (-j)**
to be kneeling	**térdel (-j)**
knickers	**bugyi**
knife	**kés (-t,-ek,-e)**
to knit	**köt (köss)**
knitting needle	**kötőtű**
to knock over	**felborít (-s,-ani)**

L

label	**címke**
labourer	**munkás (-t,-ok,-a)**
ladder	**létra**
lake	**tó (tavat, tavak tava)**
lamb	**bárány (-t,-ok,-a)**
lamp	**lámpa**
to land	**leszáll (-j)**
landlady	**tulajdonosnő**
landlord	**tulajdonos (-t,-ok,-a)**
language	**nyelv (-et,-ek,-e)**
landscape	**táj (-at,-ak,-a)**
large	**nagy**
last	**utolsó**
to be late	**(el)késik (elkéss)**
to laugh	**nevet (nevess)**
to burst out laughing	**elneveti magát**
lawn	**pázsit (-ot,-ja)**
lawnmower	**fűnyírógép (-et,-ek,-e)**
lawyer	**ügyvéd (-et,-ek,-je)**
to lay eggs	**tojik (tojjál)**
to lay the table	**(meg)terít (-s,-eni)**
lazy	**lusta**
leaf	**levél (level-et,-ek,-e)**
to lean out	**kihajol (-j)**
to lean on	**támaszkodik (-j)**
to learn	**tanul (-j)**
left luggage office	**csomagmegőrző**
left side	**bal oldal (-t,-ak,-a)**
on the left	**bal oldalon**
left wing	**baloldali**
leg	**láb (-at,-ak,-a)**
leg of lamb	**báránycomb (ot,-ok,-ja)**
letter	**levél (level-et,-ek,-e)**
letter (of alphabet)	**betű**
letter box	**levélszekrény (-t,-ek,-e)**
library	**könyvtár (-at,-ak,-a)**
to lie down	**lefekszik (lefeküdj, lefeküdni)**
life	**élet (-et,-ek,-e)**
lifeguard	**úszómester (-t,-ek,-e)**
lift (elevator)	**lift (-et,-ek,-je)**
light (weight)	**könnyű**
light	**fény (-t,-ek,-e), villany (-t,-ok,-a)**
It is light.	**Világos van.**
It is getting light.	**Virrad.**
lightning	**villám (-ot,-ok,-a)**
to like	**tetszik vkinek (tess, tetszeni**
liner	**óceánjáró**
lilac, purple	**lila**
lion	**oroszlán (-t,-ok,-ja)**
lip	**ajak (ajk-at,-ak,-a)**
lipstick	**rúzs (-t,-ok,-a)**
list	**lista, bevásárlólista**

to listen	**hallgat (hallgass), figyel (-j)**
to listen to music	**zenét hallgat**
to listen to the radio	**rádiót hallgat**
litre	**liter (-t,-ek,-je)**
half a litre	**fél liter**
litter	**szemét (szemet-et,-ek,-e)**
litter bin	**szemétláda**
to live	**lakik (lakj), él (-j)**
to live in a house	**(családi) házban lakik**
lively	**élénk**
living room	**nappali (szoba)**
to load	**(be)rakodik (-j)**
long	**hosszú**
to look at	**néz (nézz)**
to look for	**keres (keress)**
loose	**bő**
lorry	**teherautó**
lorry driver	**teherautó sofőr (-t,-ök,-je)**
to lose	**veszít, elveszít (-s,-eni)**
loudspeaker	**hangosbemondó**
Love from...(end of letter)	**Szeretettel...**
to love	**szeret (szeress)**
lovely, beautiful	**szép**
luck	**szerencse**
Good luck!	**Sok szerencsét!**
luggage-rack	**csomagtartó**
lullaby	**altatódal (-t,-ok,-a)**
lunch	**ebéd (-et,-ek,-je)**
lunch hour	**ebédszünet (-et,-ek,-e)**
to be lying down	**fekszik (feküdj, feküdni)**

M

made of metal	**fém-**
made of plastic	**műanyag-**
magazine	**folyóirat (-ot,-ok,-a)**
mail	**(napi) posta**
airmail	**légiposta**
main course	**főfogás (-t,-ok,-a)**
main road	**főút (főutat, főutak, főútja)**
to make	**készít (készíts, készíteni)**
to make a list	**listát ír (-j)**
to make a telephone call	**telefonál (-j)**
to put on make-up	**kifesti magát**
man	**1. ember (-t,-ek,-e) 2. férfi (-t,-ak)**
to manufacture	**készít (-s,-eni)**
map	**térkép (-et,-ek,-e)**
March	**március (-t,-ok,-a)**
margarine	**margarin (-t,-ok,-ja)**
market	**piac (-ot,-ok,-a)**
market stall	**piaci stand (-ot,-ok,-ja)**
marriage	**házasság (-ot,-ok,-a)**
to get married	**összeházasodik (-j)**
mascara	**szempillafesték (-et,-ek,-e)**
maths	**matematika, matek (-ot,-ja)**
May	**május (-t,-ok,-a)**
meadow	**rét (-et,-ek,-je)**
to measure	**mér (-j)**
meat	**hús (-t,-ok,-a)**
mechanic	**autószerelő**
media	**média, hírközlés (-t,-e)**
medium (clothes size)	**közepes**
to meet	**találkozik (találkozz)**
melon	**sárgadinnye**
member	**tag (-ot,-ok,-ja)**
member of parliament	**parlamenti képviselő**
to mend	**(meg)javít (-s,-ani)**
to mend (clothing)	**(meg)foltoz (foltozz)**
menu	**étlap (-ot,-ok,-ja)**
metal	**fém (-et,ek,-e)**
metre	**méter (-t,-ek,-e)**
to mew	**nyávog (-j)**
midday	**dél (del-et,-ek,-e)**
midnight	**éjfél (-t)**
milk	**tej (-et,-ek,-e)**
to milk	**fej (-jél)**
million	**millió**
mineral water	**ásványvíz (-viz-et,-ek,-e)**
minus	**-ból/-ből**
minute	**perc (-et,-ek,-e)**
mirror	**tükör (tükr-öt,-ök,-e)**
miserable	**rosszkedvű**
to miss the train	**lekési a vonatot**
to mix	**összekever (-j)**
model	**manöken (-t,-ek,-je)**
mole	**vakondok (-ok,-ok,-ja)**
Monday	**hétfő**
money	**pénz (-t,-ek,-e)**
to change money	**pénzt vált**
to take money out	**kivesz pénzt a bankból**
monkey	**majom (majm-ot,-ok,-a)**
month	**hónap (-ot,-ok,-ja)**
moon	**hold (-at,-ak,-ja)**
moped	**robogó**
morning, in the morning	**reggel**
8 in the morning, 8 a.m.	**reggel nyolc**
this morning	**ma reggel**
mosquito	**szúnyog (-ot,-ok,-ja)**
mother	**anya**
motor racing	**autóverseny(zés)**
motorbike	**motorkerékpár (-t,-ok,-ja)**
motorway	**autópálya**
mountain	**hegy (-et,-ek,-e)**
mountaineering	**hegymászás (-t)**
to go mountaineering	**hegyet mászik (mássz)**
mouse	**egér (eger-et,-ek,-e)**
moustache	**bajusz (-t,-ok,-a)**
mouth	**száj (-at,-ak,-a)**
to move in	**beköltözik (beköltözz)**
to move out	**kiköltözik**
to mow the lawn	**füvet nyír (j)**
to multiply	**szoroz (-z)**
music	**zene**
classical music	**komolyzene**
pop music	**popzene**
musician	**zenész (-t,-ek,-e)**
mustard	**mustár (-t,-ok,-ja)**
My name is...	**... vagyok**

N

naked	**meztelen, csupasz**
name	**név (nev-et,-ek,-e)**
first name	**keresztnév**
his name is ...	**ő ...**
my name is ...	**... vagyok**
surname	**vezetéknév**
What's your name?	**Hogy hívnak?**
napkin	**szalvéta**
narrow	**szűk, keskeny**
naughty, cheeky	**szemtelen**
navy blue	**tengerészkék**
near (to)	**közel vmihez**
neck	**nyak (-at,-ak,-a)**
necklace	**nyaklánc (-ot,-ok,-a)**
needle	**varrótű**
neighbour	**szomszéd (-ot,-ok,-ja)**
nephew	**unokaöcs (öccse)**
nest	**fészek (fészk-et,-ek,-e)**
net	**háló**
Netherlands	**Hollandia**
new	**új**
New Year's Day	**újév**
New Year's Eve	**Szilveszter**
Happy New Year!	**Boldog új évet!**
New Zealand	**Új-Zéland**
news	**hír (-t,-ek,-e)**
newspaper	**újság (-ot,-ok,-a)**
newspaper stand	**újságosbódé**
next, following	**következő**
the next day	**másnap**
next Monday	**jövő hétfőn**
next week	**jövő héten**
nice	**kedves**
niece	**unokahúg (-a)**
night, at night	**éjszaka, éjjel**
nightdress	**hálóing (-et,-ek,-e)**
nine	**kilenc**
nineteen	**tizenkilenc**
ninety	**kilencven**
no	**nem**
no entry (road sign)	**behajtani tilos**
no parking	**parkolni tilos**
No smoking!	**nemdohányzó, Dohányozni tilos!**
noisy	**zajos**
north	**észak**
North Pole	**Északi-sark (-ot)**
nose	**orr (-ot,-ok,-a)**
note (money)	**bankjegy (-et,-ek,-e)**
nothing	**semmi**
Nothing to declare.	**Nincs elvámolnivalóm.**
novel	**regény (-t,-ek,-e)**
November	**november (-t,-ek,-e)**
now, nowadays	**most**
number	**szám (-ot,-ok,-a)**
number plate	**rendszám (-ot,-ok,-a)**
nurse	**ápoló(nő)**

O

oak tree	**tölgyfa**
oar	**evező**
obedient	**szófogadó**
October	**október (-t,-ek,-e)**
office	**iroda, hivatal (-t,-ok,-a)**
office block	**irodaház (-at,-ak,-a)**
oil	**olaj (-at,-a)**
old	**öreg, régi**
older than	**idősebb, mint**
old-fashioned	**régimódi**
old age	**öregkor (-t,-a)**
on	**-n/-on/-en/-ön, -ra/ -re**
one	**egy**
one way	**egyirányú**
onion	**hagyma**
only child	**egyke**
open	**nyitott**
to be open	**nyitva van**
to open	**kinyit (kinyiss)**
to open a letter	**felbontja a levelet**
to open the curtain	**elhúzza a függönyt**
opera	**opera**
operating theatre	**műtő**
operation	**műtét (-et,-ek,-e), operáció**
opposite	**szemben, szembe**
orange (colour)	**narancssárga**
orange (fruit)	**narancs (-ot,-ok,-a)**
orchard	**gyümölcsös**
orchestra	**zenekar (-t,-ok,-a)**
to order	**rendel (-j)**
ostrich	**strucc (-ot,-ok,-a)**
out (for sports)	**kint volt**
out, out of	**ki-, -ból/-ből**
out of focus	**életlen**
oven	**sütő**
over	**fölött, fölé**
to overtake	**előz (-z)**
overtime	**túlóra**
owl	**bagoly (bagly-ot,-ok,-a)**

P

Pacific Ocean	**Csendes-óceán (-t)**
to pack	**(be)csomagol (-j)**
packet	**csomag (-ot,-ok,-ja)**
to paddle	**lubickol (-j)**
paint	**festék (-et,-ek,-e)**
to paint	**fest (fess, festeni)**
painter	**(festő)művész (-t,-ek,-e)**
painting	**festmény (-t,-ek,-e)**
pale	**halvány, sápadt**
paper	**papír (-t,-ok,-ja)**
paperback	**puhafedelű könyv (-et,-ek,-e)**
parcel	**csomag (-ot,-ok,-ja)**
parent	**szülő**
park	**park (-ot,-ok,-ja)**

park keeper	**parkőr (-t,-ök,-e)**
to park	**parkol (-j)**
no parking	**parkolni tilos**
parliament	**országgyűlés (-t,-e)**
party (celebration)	**buli (-t,-k,-ja)**
party (political)	**párt (-ot,-ok,-ja)**
party leader	**pártvezér (-t,-ek,-e)**
passenger	**utas (-t,-ok,-a)**
passport	**útlevél (útlevel-et,-ek,-e)**
past	**múlt (-at,-ja)**
in the past	**a múltban**
pasta	**tészta**
pastry	**sütemény (-t,-ek,-e)**
path	**(kerti) út, ösvény (-t,-ek,-e)**
patient (wounded)	**beteg (-et,-ek,-e)**
pattern (knitting)	**(kötés)minta**
pavement	**járda**
paw	**mancs (-ot,-ok,-a)**
PE	**testnevelés(óra)**
pea	**zöldborsó**
peaceful	**békés**
peach	**őszibarack (-ot,-ok,-ja)**
pear	**körte**
pedestrian	**gyalogos (-t,-ok,-a)**
pedestrian crossing	**zebra, gyalogátkelőhely**
pen	**toll (-at,-ak,-a)**
ball-point pen	**golyóstoll (-at,-ak,-a)**
pencil	**ceruza**
pencil case	**tolltartó**
penguin	**pingvin (-t,-ek,-e)**
pepper	**bors (-ot,-a)**
to perch	**gubbaszt (gubbassz, gubbasztani)**
to perform	**előad (-j)**
perfume	**kölni**
petrol	**benzin (-t,-ek,-je)**
petrol station	**benzinkút (-kutat, -kutak, kútja)**
to fill up with petrol	**tankol (-j)**
petticoat	**alsószoknya**
photograph	**fénykép (-et,-ek,-e)**
to take a photo	**lefényképez (-z)**
photography	**fényképezés (-t,-e)**
physics	**fizika**
piano	**zongora**
to play the piano	**zongorázik (zongorázz)**
to pick	**szed (-j), szüretel (-j**
to pick flowers	**virágot szed**
to pick up	**felvesz (felvegyél)**
to pick up the receiver	**felveszi a kagylót**
picnic	**uzsonna a szabadban, piknik**
pig	**disznó**
pigeon	**galamb (-ot,-ok,ja)**
pill	**tabletta**
pillow	**párna**
pilot	**pilóta**
pin	**gombostű**
pine tree	**fenyőfa**
pink	**rózsaszín**

pitch (for football)	**(foci)pálya**
to pitch a tent	**felveri a sátrat**
planet	**bolygó**
plate	**tányér (-t,-ok,-ja)**
plaits	**copf (-ot,-ok,-ja)**
to plant	**ültet (-et,-ek,-e)**
plastic	**műanyag (-ot,-ok,-a)**
made of plastic	**műanyag-**
platform	**vágány (-t,-ok,-a), peron(-t,-ok,-ja)**
platform ticket	**peronjegy (-et,-ek,-e)**
play (theatre)	**színdarab (-ot,-ok,-ja)**
to play an instrument	**játszik vmilyen hangszeren**
to play (games)	**játszik (játssz,játszani)**
to play cards	**kártyázik (kártyázz)**
to play chess	**sakkozik (sakkozz)**
to play draughts	**dámát játszik**
to play football	**focizik (focizz)**
to play golf	**golfozik (golfozz)**
to play squash	**fallabdázik (fallabdázz)**
to play tennis	**teniszezik (teniszezz)**
player	**játékos (-t,-ok,-a)**
playful	**játékos (kedvű)**
playground	**játszótér**
Please find enclosed...	**Mellékelten küldöm...**
pleased with	**elégedett vmivel**
to plough	**szánt (-s,-ani)**
plug (electric)	**csatlakozó**
plug (for bath)	**dugó**
plum	**szilva**
plumber	**víz(vezeték)szerelő**
plus	**meg, plusz**
pocket	**zseb (-et,-ek,-e)**
poetry	**költészet, versek**
polar bear	**jegesmedve**
police	**rendőrség (-et,-ek,-e)**
police car	**rendőrautó**
police station	**rendőrörs (-öt,-ök,-e)**
policeman/woman	**rendőr(nő)**
polite	**udvarias**
politics	**politika**
pond	**tó (tavat,tavak,tava)**
poppy	**1.mák (-ot,-ja) 2.pipacs**
popular	**népszerű**
pork chop	**karaj (-t,-a)**
port	**kikötő**
porter	**hordár (-t,-ok,-ja)**
porthole	**hajóablak**
to post	**felad (postára)**
postoffice	**posta**
postal code	**irányítószám (-ot,-ok,-a)**
post-box	**postaláda**
postcard	**levelezőlap**
postman	**postás (-t,-ok,-a)**
potato	**burgonya, krumpli**
to pour	**önt (-s,-eni), tölt (-s,-eni)**
powerboat	**motorcsónak (-ot,-ok,-ja)**
precise	**precíz**
prescription	**recept (-et,-ek,-je)**
present (gift)	**ajándék (-ot,-ok,-a)**

present (now)	**jelen (-t,-e)**
president	**elnök (öt,-ök,-e)**
pretty	**csinos**
price	**ár (-at,-ak,-a)**
prime minister	**miniszterelnök (-öt,-ök,-e)**
programme	**műsor (t,-ok,-a)**
pudding	**puding (-ot,-ok,-ja)**
puddle	**pocsolya**
to take someone's pulse	**megméri a pulzusát**
to pull	**húz (húzz)**
pupil	**tanuló**
puppy	**kiskutya**
to purr	**dorombol (-j)**
purse	**pénztárca**
to push	**tol (-j), nyom (-j)**
push-chair	**babakocsi**
to put	**tesz (tegyél, tenni)**
to put down	**letesz**
pyjamas	**pizsama**

Q

quarter	**negyed**
a quarter past ten	**negyed tizenegy**
a quarter to ten	**háromnegyed tíz**
to ask a question	**kérdez (kérdezz)**
to queue	**sorban áll**
quiet, calm	**nyugodt**

R

rabbit	**nyúl (nyul-at,-ak,-a)**
race, racing	**verseny (-t,-ek,-e)**
racket	**ütő**
radiator	**fűtőtest (-et,-ek,-e)**
radio	**rádió**
railway	**vasút (vasut-at,-ak,vasútja)**
rain	**eső**
It's raining.	**Esik az eső.**
rainbow	**szivárvány (-t,-ok,-a)**
raincoat	**esőkabát (-ot,-ok,-ja)**
raindrop	**esőcsepp (-et,-ek,-e)**
rake	**gereblye**
raspberry	**málna**
raw	**nyers**
razor	**borotva**
to read	**olvas (olvass)**
to read a book	**könyvet olvas**
to read a story	**mesét olvas**
It's ready.	**Kész van (az étel).**
receipt	**számla**
to receive	**kap (-j)**
receiver	**(telefon)kagyló**
reception (hotel)	**recepció**
recipe	**(étel)recept (-et,-ek,-je)**
record	**lemez (-t,-ek,-e)**
record player	**lemezjátszó**
record shop	**hanglemezbolt (-ot,-ok,-ja)**
rectangle	**téglalap (-ot,-ok,-ja)**
red	**piros, vörös**
reed	**nád (-at,-ak,-ja)**
referee	**bíró, játékvezető**
to be related to	**rokona (vkinek)**
to reserve	**foglal (j)**
to reserve a room	**szobát foglal**
to reserve a seat (train)	**helyjegyet vesz**
reserved seat	**lefoglalt hely**
to rest	**pihen (-j)**
restaurant	**étterem (étterm-et,-ek,-e)**
to retire	**nyugdíjba megy**
by return of post	**postafordultával**
return ticket	**menettérti jegy (-et,-ek,-e)**
rice	**rizs (-t,-e)**
to ride a bicycle	**kerékpározik (kerékpározz)**
right side	**jobb oldal**
on the right	**jobb oldalon**
rightwing	**jobboldali**
ring (jewellery)	**gyűrű (ékszer)**
to ring	**cseng (-j,-eni)**
to ring the bell	**csenget (csengess)**
ripe	**érett**
river	**folyó**
road	**út, országút (utat, utak, útja)**
to roar	**bőg (-j)**
rock	**szikla**
roll (bread)	**zsömle**
roof	**háztető**
room	**szoba**
double room	**kétágyas szoba**
single room	**egyágyas szoba**
rose	**rózsa**
roundabout (for children)	**körhinta**
to row (a boat)	**evez (evezz)**
rowing boat	**evezős csónak**
to rub your eyes	**dörzsöli a szemét**
rubber	**radír**
rude	**udvariatlan**
rucksack, backpack	**hátizsák (-ot,-ok,-ja)**
ruler	**vonalzó**
to run	**fut (fuss), szalad (-j)**
to run away	**elfut**
running shoes	**edzőcipő**
runway	**kifutópálya**
Russia	**Oroszország (-ot,-a)**

S

safety belt	**biztonsági öv**
sailor	**tengerész (-t,-ek,-e)**
salad	**saláta**
salami	**szalámi**
salary	**fizetés (-t,-ek,-e)**
sale (in shop)	**vásár (-t), akció**
salmon	**lazac (-ot,-ok,-a)**
sales representative	**kereskedelmi ügynök (-öt,-ök,-e)**
salt	**só**
same	**ugyanaz**
the same age as...	**egyidős vkivel**
sand	**homok (-ot,-ok,-ja)**

sandals	**szandál (-t,-ok,-ja)**
sandcastle	**homokvár (-at,-ak,-a)**
satchel	**iskolatáska**
Saturday	**szombat (-ot,-ok,-ja)**
saucepan	**serpenyő**
saucer	**csészealj (-at,-ak,-a)**
sausage	**kolbász (-t,-ok,-a)**
saw	**fűrész (-t,-ek,-e)**
to say	**mond (-j,-ani)**
scales	**mérleg (-et,-ek,-e)**
Scandinavia	**Skandinávia**
scarecrow	**madárijesztő**
scarf	**sál (-at,-ak,-a)**
scenery (theatre)	**díszlet (-et,-ek,-e)**
school	**iskola**
at school	**iskolában**
nursery school	**óvoda**
primary school	**általános iskola**
secondary school	**középiskola**
school year	**tanév (-et,-ek,-e)**
scissors	**olló**
to score a goal	**gólt lő (lőjj)**
screwdriver	**csavarhúzó**
sea	**tenger (-t,-ek,-e)**
sea food	**tengeri kagyló és rák**
seagull	**sirály (-t,-ok,-a)**
to be seasick	**tengeribeteg**
at the seaside	**a tengerparton**
season	**évszak (-ot,-ok,-a)**
season ticket	**bérlet (-et,-ek,-e)**
seat	**ülőhely (-et,-ek,-e)**
seaweed	**hínár (-t,-ok,-ja)**
second (unit of time)	**másodperc (-et,-ek,-e)**
second	**második**
second (for dates only)	**másodika**
second class	**másodosztály**
second floor	**második emelet**
secretary	**titkár(nő)**
See you later.	**Viszontlátásra.**
seed	**mag (-ot,-ok,-ja)**
to sell	**elad (-j), árul (-j)**
to send	**küld (-j)**
I'm sending... separately	**Külön küldöm a...**
to send a postcard	**képeslapot küld**
to send a telegram	**táviratot küld**
sentence	**mondat (-ot,-ok,-a)**
September	**szeptember (-t,-ek,-e)**
to serve (sport)	**szervál (-j)**
to serve (meal)	**felszolgál (-j)**
service	**felszolgálás, szolgáltatás**
Is service included?	**Felszolgálási díjjal együtt?**
Service not included.	**Felszolgálási díj nélkül.**
seven	**hét**
seventh	**hetedik**
seventeen	**tizenhét**
seventy	**hetven**
to sew	**varr (-j)**
shade	**árnyék (-ot,-ok,-a)**
to shake	**ráz (rázz)**
to shake hands with	**kezet fog vkivel (-j)**
shallow	**sekély**
shampoo	**sampon (-t,-ok,-ja)**
shape	**alak (-ot,-ok,-ja)**
sharp, sour	**savanyú**
to shave	**borotválkozik (-z)**
electric shaver	**villanyborotva**
shaving foam	**borotvahab (-ot,-ok,-ja)**
sheep	**birka, juh (-ot,-ok,-a)**
sheepdog	**juhászkutya, pásztorkutya**
sheet	**lepedő**
shell	**kagyló**
ship	**hajó**
shirt	**ing (-et,-ek,-e)**
shoes	**cipő**
tennis shoes	**tornacipő**
shop	**bolt (-ot,-ok,-ja), üzlet (-et,-ek,-e)**
shop assistant	**eladó(nő)**
shopkeeper	**üzlettulajdonos (-t,-ok,-a)**
shopwindow	**kirakat (-ot,-ok,-a)**
to shop at the market	**piacon vásárol**
to go shopping	**vásárol (-j)**
shopping bag	**bevásárló táska**
short	**alacsony**
shoulder	**váll (-at,-ak,-a)**
to shout	**kiabál (-j)**
shower	**zuhany (-t,-ok,-a)**
to have a shower	**zuhanyozik (-z)**
shy	**félénk**
to be sick	**hányingere van**
side	**oldal (-t,-ak,-a)**
to sightsee	**megnéz (várost)**
signpost	**útjelző tábla**
silly	**hülye, buta**
silver	**ezüst**
made of silver	**ezüst-**
to sing	**énekel (-j)**
to sing out of tune	**hamisan énekel**
single room	**egyágyas szoba**
singer	**énekes(nő)**
sink (washbasin)	**mosogató**
sister	**(lány)testvér (-t,-ek,-e)**
to sit	**ül (-j)**
to sit an exam	**vizsgázik (vizsgázz)**
to sit by the fire	**a tűz mellett ül**
to sit down	**leül**
to be sitting down	**ül, üldögél (-j)**
six	**hat**
sixteen	**tizenhat**
size	**méret (-et,-ek,-e)**
What size is this?	**Ez milyen méret?**
skis	**sí**
ski boots	**sícipő**
ski instructor	**síoktató**
ski pole	**síbot (-ot,-ok,-ja)**
ski resort	**síelőhely (-et,-ek,-e)**
ski slope, ski run	**sípálya**
to go skiing	**síel (-j)**
skilful, good with your hands	**ügyes**

skin	**bőr (-t,-ök,-e)**
skirt	**szoknya**
sky	**ég (eget, egek, ege)**
skyscraper	**felhőkarcoló**
sledge	**szánkó**
to sleep	**alszik (aludj, aludni)**
Sleep well!	**Aludj jól!**
sleeping-car	**hálókocsi**
sleeping bag	**hálózsák (-ot,-ok,-ja)**
to be sleepy	**álmos**
slide	**csúszda**
slim	**karcsú**
to slip	**(el)csúszik (csússz)**
slippers	**papucs (-ot,-ok,-a)**
slope	**lejtő**
slow	**lassú**
to slow down	**(le)lassít (-s,-ani)**
small	**kicsi**
to smile	**mosolyog (-j)**
smoke	**dohányzik (dohányozz, dohányozni)**
snake	**kígyó**
to sneeze	**tüsszent (-s,-eni)**
to snore	**horkol (-j)**
snow	**hó (havat,-a)**
It's snowing.	**Esik a hó.**
snowman	**hóember (-t,-ek,-e)**
soaked to the skin	**bőrig ázott**
soap	**szappan (-t,-ok,-a)**
society	**társadalom (társadalm-at, -ak,-a)**
socks	**zokni**
sofa	**kanapé**
soft	**puha**
soil	**föld (-et,-ek,-je)**
soldier	**katona**
sole (fish)	**nyelvhal (-at,-ak,-a)**
someone	**valaki**
son	**fia vkinek**
only son	**egyke**
to sort, to sort out	**válogat (válogass)**
soup	**leves (-t,-ek,-e)**
south	**dél (égtáj)**
South America	**Dél-Amerika**
South Pole	**Déli-sark (-ot)**
to sow	**vet (vess)**
space	**világűr (-t)**
spaceship	**űrhajó**
spade	**ásó**
Spain	**Spanyolország (-ot,-a)**
Spanish	**spanyol**
sparrow	**veréb (vereb-et,-ek,-e)**
spelling	**helyesírás (-t,-a)**
to spend (money)	**pénzt költ (-s,-eni)**
spices	**fűszer (-t,-ek,-e)**
spider	**pók (-ot,-ok,-ja)**
spinach	**spenót (-ot,-ok,-ja)**
to splash	**pancsol (-j)**
spoon	**kanál (kanal-at,-ak,-a)**
sport	**sport (-ot,-ok,-ja)**
sports equipment	**sportszerek**
spotlight	**reflektor (-t,-ok,-a)**
spotted	**pöttyös**
to sprain your wrist	**kificamítja a csuklóját**
spring	**tavasz (-t,-ok,-a)**
square (shape)	**négyzet (-et,-ek,-e)**
square (in a town)	**tér (teret, terek, tere)**
squash	**fallabda**
squirrel	**mókus (-t,-ok,-a)**
stable	**lóistálló**
stage (theatre)	**színpad (-ot,-ok,-a)**
staircase, stairs	**lépcső**
stamp	**bélyeg (-et,-ek,-e)**
to stand up	**feláll (-j)**
to be standing	**áll, álldogál**
star	**csillag (-ot,-ok,-a)**
to start off	**elindul (-j)**
starter (of meal)	**előétel (-t,-ek,-e)**
station	**állomás (-t,-ok,-a)**
stationers	**papírbolt (-ot,-ok,-ja)**
statue	**szobor (szobr-ot,-ok,-a)**
to stay in a hotel	**szállodában lakik**
steak	**marhaszelet (-et,-ek,-e)**
to steal	**lop (-j)**
steep	**meredek**
steering wheel	**kormány(kerék)**
to stick	**ragaszt (ragassz,-ani)**
sticking plaster	**sebtapasz (-t,-ok,-a)**
to sting	**(meg)szúr (-j), (meg)csíp (-j)**
stomach	**has (-at,-ak,-a)**
to have a stomach ache	**fáj a hasa**
story	**történet (-et,-ek,-e), mese**
stove	**kempingfőző**
straight	**egyenes**
to go straight on	**egyenesen megy**
strawbery	**eper (epr-et,-ek,-e)**
stream	**patak (-ot,-ok,-ja)**
street	**utca**
street light	**utcai lámpa**
sidestreet	**mellékutca**
oneway street	**egyirányú utca**
to stretch	**nyújtózkodik (-j)**
stretcher	**hordágy (-at,-ak,-a)**
striped	**csíkos**
strong	**erős**
student	**hallgató**
to study	**tanul (-j)**
subject	**tantárgy (-at,-ak,-a)**
to subtract	**kivon (-j)**
suburb	**külváros (-t,-ok,-a)**
subway	**aluljáró**
sugar	**cukor (cukr-ot,-ok,-a)**
suitcase	**bőrönd (öt,-ök,-je)**
summer	**nyár (nyar-at,-ak,-a)**
summit	**csúcs (-ot,-ok,-a)**
to do sums (calculate)	**számol (-j)**
sun	**nap (-ot,-ok,-ja)**
The sun is shining.	**Süt a nap.**
to sunbathe	**napozik (napozz)**
Sunday	**vasárnap (-ot,-ok,-ja)**

sunglasses	**napszemüveg (-et,-ek,-e)**
sunrise	**napkelte**
sunset	**naplemente**
sunshade	**napernyő**
suntan lotion	**napolaj (-at,-ok,-a)**
supermarket	**ABC**
to go to the supermarket	**elmegy az ABC-be**
supper	**vacsora**
surgeon	**sebész (-t,-ek,-e)**
surname	**vezetéknév (-nev-et,-ek,-e)**
to sweat	**izzad (-j)**
sweet, charming	**aranyos, édes**
sweet (sugar)	**édes**
sweet-smelling	**illatos**
to swim, to have a swim	**úszik (ússz)**
swimming pool	**uszoda**
swing	**hinta**
to switch the light off	**eloltja a villanyt**
to switch the light on	**felgyújtja a villanyt**
Switzerland	**Svájc (-ot,-a)**

T

table	**asztal (-t,-ok,-a)**
bedside table	**éjjeliszekrény (-t,-ek,-e)**
to lay (the table)	**megterít (-s,-eni)**
tablecloth	**abrosz (-t,-ok,-a), terítő**
tail	**farok (fark-at,-ak,-a)**
to take	**visz (vigyél, vinni), vesz (vegyél, venni)**
to take the bus	**(autó)buszra száll (-j)**
to take a photo	**(le)fényképez (-z)**
to take someone's temperature	**lázat mér**
to take off (aeroplane)	**felszáll (repülő)(-j)**
to take off (clothes)	**levesz (ruhát)**
to take out, to draw out	**kihúz (-z)**
to take money out	**pénzt kivesz**
to be tall	**magas**
tame	**szelíd**
tanned	**barna, lesült**
tap	**vízcsap (-ot,-ok,-ja)**
to tap your feet	**veri a ritmust**
taste, flavour	**íz (-t,-ek,-e)**
to taste, to try	**megkóstol (-j)**
It tastes good.	**Jóízű.**
tax	**adó**
taxi	**taxi**
to hail a taxi	**leint egy taxit**
taxi-driver	**taxisofőr (-t,-ök,-je)**
taxi-rank	**taxiállomás (-t,-ok,-a)**
tea	**tea**
tea towel	**konyharuha**
to teach	**tanít (-s)**
teacher	**tanár (-t,-ok,-a)**
team	**csapat (-ot,-ok,-a)**
teapot	**teáskanna**
to tear	**(el)szakít (-s,-ani)**
telegram	**távirat (-ot,-ok,-a)**
telephone	**telefon (-t,-ok,-ja)**
(telephone) area code	**körzetszám (-ot,-ok,-a)**
telephone box	**telefonfülke**
telephone directory	**telefonkönyv**
telephone number	**telefonszám (-ot,-ok,-a)**
to answer the telephone	**beleszól a telefonba**
to make a telephone call	**telefonál (-j)**
telescope	**távcső**
television	**televízió**
to have a temperature	**lázas**
to take someone's temperature	**lázat mér (-j)**
ten	**tíz**
tenant	**bérlő**
tennis	**tenisz (-t,-e)**
tennis court	**teniszpálya**
tennis shoes	**tornacipő**
to play tennis	**teniszezik (-z)**
tent	**sátor (sátra-at,-ak,-a)**
term (school)	**félév (-et,-ek,-e)**
beginning of term	**a félév eleje**
end of term	**a félév vége**
to thank	**(meg)köszön (-j)**
Thank you for your letter of ...	**...-n kelt levelét köszönöm.**
Thank you very much.	**Köszönöm szépen.**
That will be.../cost	**... lesz/...-be kerül**
to thaw	**olvad (-j)**
theatre	**színház (-at,-ak,-a)**
thermometer	**hőmérő**
thin	**sovány**
Thinking of you.	**Sokat gondolok rád.**
third	**harmadik**
a third	**egy harmad**
the third (for dates only)	**harmadika**
thirteen	**tizenhárom**
thirty	**harminc**
to be thirsty	**szomjas**
this evening	**ma este**
this morning	**ma reggel**
thousand	**ezer**
thread	**cérna**
three	**három**
three quarters	**háromnegyed**
through	**át, keresztül**
to throw	**dob (-ot,-ok,-ja)**
thrush	**rigó**
thumb	**hüvelykujj (-at,-ak,-a)**
thunder	**mennydörgés (-t,-ek,-e)**
thunderstorm	**vihar, zivatar (-t,-ok,-a)**
Thursday	**csütörtök (-öt,-ök,-e)**
ticket	**jegy, menetjegy (et,-ek,-e)**
airline ticket	**repülőjegy**
return ticket	**menettérti jegy**
season ticket	**bérlet (-et,-ek,-e)**
ticket collector	**jegyszedő**
ticket machine	**jegyautomata**
ticket office	**jegypénztár (-t,-ak,-a)**
to tidy up	**rendet rak (-j)**
tie	**nyakkendő**
tiger	**tigris (-t,-ek,-e)**

tight	**szűk**
tights	**harisnyanadrág (ot,-ok,-ja)**
time	**idő**
to be on time	**pontos**
What time is it?	**Hány óra van?**
times (maths)	**-szor, -szer, -ször**
timetable	**órarend (-et,-ek,-je)**
tin	**konzerv (-et,-ek,-je)**
tinned food	**konzerv (élelem)**
tiny	**pici, parányi**
tip	**borravaló**
to, towards	**-hoz/-hez/-höz, felé**
today	**ma**
toe	**lábujj (-at,-ak,-a)**
together	**együtt**
toilet	**vécé, WC**
tomato	**paradicsom (-ot,-ok,-a)**
tomorrow	**holnap**
tomorrow evening	**holnap este**
tomorrow morning	**holnap reggel**
tongue	**nyelv (-et,-ek,-e)**
tooth	**fog (-at,-ak,-a)**
to have toothache	**fáj a foga**
toothbrush	**fogkefe**
toothpaste	**fogkrém (-et,-ek,-e)**
tortoise	**teknős (-t,-ök,-e)**
to touch	**(meg)érint (-s,-eni)**
tourist	**turista**
towel	**törülköző**
town	**város, kisváros (-t,-ok,-a)**
town centre	**városközpont (-ot,-ok,-ja)**
town hall	**városháza**
toy	**játék (-ot,-ok,-a)**
track	**sín (-t,-ek,-je)**
tracksuit	**melegítő**
tractor	**traktor (-t,-ok,-a)**
trade union	**szakszervezet (-et,-ek,-e)**
traffic	**forgalom (forgalm-at,-a)**
traffic jam	**forgalmi dugó**
traffic lights	**jelzőlámpa**
train	**vonat (-ot,-ok,-a)**
The train from...	**...-ból érkező vonat**
The train to...	**...-ba induló vonat**
inter-city train	**gyorsvonat**
goods train	**tehervonat**
to travel by boat, to sail	**hajón utazik (-z)**
traveller	**utazó**
tray	**tálca**
tree	**fa**
triangle	**háromszög (-et,-ek,-e)**
trolley	**bevásárlókocsi, kézikocsi**
trousers	**nadrág (-ot,-ok,-ja)**
trout	**pisztráng (-ot,-ok,-ja)**
trowel	**ültető lapát (-ot,-ok,-ja)**
true	**igaz**
trumpet	**trombita**
to play the trumpet	**trombitál (-j)**
trunk (elephant's)	**ormány (-t,-ok,-a)**
T-shirt	**póló(ing)**

Tuesday	**kedd (-et,-ek,-je)**
Tuesday, the second of June	**június másodika, kedd**
tulip	**tulipán (-t,-ok,-ja)**
tune	**dallam (-ot,-ok,-a)**
to turn	**fordul (-j)**
to turn left	**balra fordul**
to turn right	**jobbra fordul**
tusk	**agyar (-t,-ok,-a)**
twelve	**tizenkettő**
twenty	**húsz**
twin brother	**ikertestvér (fiú)**
twin sister	**ikerestvér (lány)**
twins	**ikrek**
two	**kettő**
tyre	**(autó)gumi**
to have a flat tyre	**defektes a kereke**

U

umbrella	**esernyő**
uncle	**nagybácsi**
under	**alatt, alá**
underground	**metró, földalatti**
underground station	**metróállomás (-t,-ok,-a)**
underpants	**alsónadrág (-ot,-ok,-ja)**
to get undressed	**levetkőzik (-z)**
unemployment	**munkanélküliség (-et,-e)**
United States	**Amerikai Egyesült Államok (-at)**
universe	**világegyetem (-et,-e)**
university	**egyetem (-et,-ek,-e)**
to unload	**kirakodik (-j)**
up	**fel**
to get up	**felkel (-j)**
upstairs	**fent**
to go upstairs	**felmegy (-menj, -menni)**
Urgent message stop phone home stop	**Sürgős ügyben stop hívj fel otthon stop**
useful	**hasznos**
usherette	**jegyszedőnő**

V

to vacuum	**porszívózik (-z)**
valley	**völgy (-et,-ek,-e)**
van	**furgon (-t,-ok,-ja)**
veal	**borjúhús (-t)**
vegetable patch	**konyhakert (-et,-ek,-je)**
vegetable	**zöldség (-et,-ek,-e)**
Very well, thank you.	**Köszönöm, jól.**
vest	**trikó**
vicar	**lelkész (-t,-ek,-e)**
video	**video**
video camera	**videokamera**
view	**kilátás (-t,-a)**
village	**falu**

vine	**szőlő(tő)**
vinegar	**ecet (-et,-ek,-e)**
vineyard	**szőlő(skert)**
violin	**hegedű**
to violin	**hegedül (-j)**
to visit	**megnéz (-z), meglátogat**
volume	**űrtartalom (űrtartalma)**
to vote	**szavaz (szavazz)**

W

to wag its tail	**csóválja a farkát**
wages	**fizetés, bér (-t,-ek,-e)**
to wait for	**vár vkire (várj)**
waiter	**pincér(nő)**
waiting-room	**váróterem (-term-et,-ek,-e)**
to wake up	**felébred (-j)**
to walk	**gyalogol (-j), sétál (-j)**
to go for a walk	**sétálni megy**
to walk barefoot	**mezítláb jár**
to walk the dog	**kutyát sétáltat (sétáltass)**
wall	**fal (-at,-ak,-a)**
wallet	**irattárca**
to wash, to have a wash	**mosakszik (mosakodj, mosakodni)**
to wash up	**mosogat (mosogass)**
to wash your hair	**hajat mos (moss)**
to do the washing	**mos (moss)**
washing line	**szárítókötél (-kötel-et, -ek,-e)**
washing machine	**mosógép (-et,-ek,-e)**
wasp	**darázs (darazs-at,-ak,-a)**
to watch	**néz (-z), figyel (-j)**
to watch television	**televíziót néz**
water	**víz (vizet, vizek, vize)**
mineral water	**ásványvíz**
watering can	**locsolókanna**
to waterski	**vízisízik (-z)**
wave	**hullám (-ot,-ok,-a)**
way (path)	**út (utat, utak, útja)**
to ask the way	**útbaigazítást kér (-j)**
Which way is...	**Merre van a ...?**
weak	**gyenge**
to wear (clothes)	**visel (-j)**
to wear glasses	**szemüveges**
weather	**idő(járás) (-t,-a)**
weather forecast	**időjárásjelentés (-t,-ek,-e)**
wedding	**esküvő**
wedding ring	**jegygyűrű**
Wednesday	**szerda**
weed	**gyom (-ot,-ok,-ja)**
to weed	**gyomlál (-j)**
week	**hét (het-et,-ek,-e)**
week-end	**hétvége**
weeping willow	**szomorúfűz (-et,-ek,-e)**
to weigh	**mér (-j)**
to weigh yourself	**megméri magát**
weight	**súly (-t,-ok,-a)**
well	**jól**
to have eaten well	**jóllakott**
Very well, thank you	**Köszönöm, jól**
wellington boots	**gumicsizma**
west	**nyugat (-ot)**
What is the weather like?	**Milyen idő van?**
What size is this?	**Ez milyen méret?**
What time is it?	**Hány óra van?**
What's your name?	**Hogy hívnak?**
What would you like?	**Mit parancsol?**
wheat	**búza**
wheel	**kerék (kerek-et,-ek,-e)**
wheelbarrow	**talicska**
Which way is...	**Merre van a...?**
to whisper	**suttog (-j), súg (-j)**
white	**fehér**
Who's speaking?	**Ki beszél?**
width	**szélesség (-et,-ek,-e)**
wife	**feleség (-et,-ek,-e)**
wild	**vad**
wild flower	**vadvirág (-ot,-ok,-a)**
to win	**győz (-z), nyer (-j)**
wind	**szél (szelet, szelek, szele)**
window	**ablak (-ot,-ok,-a)**
to go window-shopping	**kirakatot nézeget**
windscreen	**szélvédő**
to windsurf	**szörfözik (-z)**
It's windy.	**Fúj a szél.**
wine	**bor (-t,-ok,-a)**
wing	**szárny (-at,-ak,-a)**
winter	**tél (telet, telek, tele)**
with	**-val/ -vel**
without	**nélkül**
woman	**nő**
wood (forest)	**erdő**
wooden, made of wood	**fa-**
woodwork	**famunka**
wool	**fonal (-at,-ak,-a), gyapjú**
woollen	**gyapjú-**
word	**szó**
to work	**dolgozik (-z)**
to go to work	**munkába megy**
world	**világ (-ot,-ok,-a)**
worst	**legrosszabb**
I would like...	**szeretnék, kérek**
wrapping	**csomagolás (-t,-ok,-a)**
wrist	**csukló**
to write	**ír (-j)**
to write a cheque	**kiállít egy csekket**
to write a letter	**levelet ír**
writing paper	**levélpapír**

Y

to yawn	**ásít (-s,-ani)**
year	**év (et,-ek,-e)**
yellow	**sárga**
yes	**igen**

yesterday	**tegnap**
yesterday evening	**tegnap este**
yesterday morning	**tegnap reggel**
yoghurt	**joghurt (-ot,-ok,-ja)**
young	**fiatal**
young, little	**kicsi, kis**
younger than ...	**fiatalabb, mint...**
Yours faithfully	**Szívélyes üdvözlettel**

Z

zebra	**zebra**
zero	**nulla**
zip	**cipzár (-t,-ok,-ja)**
zoo	**állatkert (-et,-ek,-je)**
zookeeper	**állatkerti őr**

Az Usborne Publishing Ltd. sorozatát angol-magyarra átdolgozta
SZABÓ HELGA

1111 Budapest, Zenta u. 5. • Tel./Fax: 466-6928
Felelős kiadó a kft. ügyvezető igazgatója
Műszaki szerkesztő G. Müller Zsuzsa
Megjelent 8,8 (A/5) ív terjedelemben
ISBN 963 346 220 7 • HO 465
Nyomtatta és kötötte a Reálszisztéma Dabasi Nyomda Rt.
Felelős vezető: Mádi Lajos vezérigazgató
Munkaszám: 01-0048